Blumenzauber

Eine Lese-Verführung

Herausgegeben von
Julia Gommel-Baharov

FISCHER Klassik

MIX
Papier aus verantwortungsvollen Quellen
FSC® C014496

Originalausgabe

Erschienen bei FISCHER Taschenbuch
Frankfurt am Main, Juni 2019

Satz: Pinkuin Satz und Datentechnik, Berlin
Druck und Bindung: GGP Media GmbH, Pößneck
Printed in Germany
ISBN 978-3-596-90713-7

INHALT

In Blumen steht die Wiese

Doch wie die Herbstluft schauert

Winters, als die Äste krachten

Die Sprache der Blumen

Und glaubst du gleich den Worten nicht,
die ich dir hoffend schrieb –
die Sprache, die die Blume spricht,
verstehst du doch, mein Lieb.

WENN dein Fuß dort fürder schreitet,
wo die Fluren üppig stehn –
glaub mir, jede Blume deutet
viel dir – kannst du sie verstehn.

Wenn ein Hauch von zarten Winden
leise lispelt durch die Flur –
horche, was sie dir verkünden
all die Kinder der Natur: –

Amaryllis

Mögen mich auch alle hassen,
leis wend ich mein Haupt zu dir.
Sieh, ich fühl mich so verlassen,
komm, Geliebte, komm zu mir.

Nemorilla

Leuchten droben dort die Sterne,
öffne ich mein Blütenkleid.
Ja, mein Freund, ich komme gerne,
nur bestimme du die Zeit.

Stachelbeere (Ribes grossularia)

Schaffe dir, vernimm die Lehre, –
strebend deinen eignen Herd.
Diesem Wirken ziemet Ehre,
Häuslichkeit giebt hohen Wert.

Eiche (Quercus)

Freund, bei jedem deiner Werke,
daß dein Arm dir nie erschlafft,
traue auf die eigne Stärke,
traue auf die eigne Kraft.

Hollunder (Syringa vulgaris)

Unheil droht dir unabwendig:
Rose glänzt zwar, doch sie sticht.
Ich nur bleibe stets beständig,
glaube mir, verkenn mich nicht.

Rittersporn (Delphinium)

Sagt dir nicht ein tief Verlangen,
siehst du mich im weiten Feld
stolz vor allen andern prangen:
Mutigen gehört die Welt!?

Immergrün

Hat auch mancher Blitz getroffen, –
alle Blitze töten nicht.
Immer giebt ein neues Hoffen
neue frohe Zuversicht.

Pantoffelblume

Herrschsucht macht die Liebe schwinden,
und mit ihr enteilt das Glück,
nie wirst du sie wiederfinden,
ganz kehrt nie sie mehr zurück.

Veilchen

Schlicht nur bist du stets gewesen,
unbedeutend oft und klein,
dennoch nimmt dein liebes Wesen
jeden, jeden für dich ein.

Pelargonium

Trag ich doch an meinem Schmerze
wirklich schon genug und schwer;
laß mir Ruhe; – deine Scherze,
sie verwunden mich noch mehr.

Hyazinthe

Tief im Herzen zieht ein Weben
ach, so hold, so selig ein:
Dir gehört mein ganzes Leben,
dir gehört mein ganzes Sein.

Narzisse

Hast du herzlos auch getrieben
loses Spiel; mich oft betrübt, –
dennoch muß ich stets dich lieben –
wie ich immer – dich geliebt.

Winde

Nur der Schmeichler will dich schonen.
Wahrer Freund dir wahr stets spricht,
willst du's dankend ihm entlohnen,
dein Vertraun entzieh ihm nicht.

Georgine

Lohn wird dir zu allen Zeiten
ohne Müh und Arbeit nie.
Liebe mußt du auch erstreiten;
denn nur dann verdienst du sie.

Myrte

Was ich kaum zu denken wagte,
meiner Träume holdes Bild,
– eh der junge Morgen tagte,
hat mein Glück sich schon erfüllt!

Christusauge

Nicht die Schönheit, nicht die Jugend
frommen wohl am meisten dir.
Nur Bescheidenheit und Tugend
sind des Weibes höchste Zier.

Klee

Wenig ists – was ich verkünde,
daß ich Herzen innig band.
Jenes Band, mit dem ich binde,
Freundschaft wirds allhier genannt.

Stiefmütterchen

Schließe stets dein Ohr und meide
die da schwatzen bös und schlecht.
Sei auf deiner Hut und scheide
streng den Irrtum von dem Recht.

Bandgras

Wie am Rosenblatt, dem süßen
saugt der Schmetterling – so lind,
so muß ich und müßt ichs büßen –
küssen dich, – du schönes Kind.

Apfelblüte

Wenn auch Wogen wild sich stauen,
vorwärts wende deinen Blick.
Dorten in der nebelgrauen
fernen Zukunft liegt dein Glück.

Vergißmeinnicht

Löschen dieses Lebens Gluten,
ich bleib dennoch frisch und jung;
denn ich wahre allen Guten
süßes Glück: Erinnerung!

Passionsblume

Ziehn auch Wolken schwer und trübe,
nie verliere, Freund, den Mut,
traue, glaube, hoffe, liebe …
alles wird einst wieder gut. –

Und die Blümlein alle sagen
dir so viel, vernimmst es du!
Lispeln in des Unglücks Tagen
süße Tröstung leis dir zu.

Glücklich jeder, dem sie's künden,
geht er hin durchs weite Feld –
er allein wird stets empfinden
wahre Lust an dieser Welt.

Er traut auf die eigne Stärke,
auf die eigne Kraft wohl gern;
denn er sieht in jedem Werke
die allmächtge Hand des Herrn!

Lieber Frühling komm doch bald

AUGUST HEINRICH
HOFFMANN VON FALLERSLEBEN

Sehnsucht nach dem Frühling

O wie ist es kalt geworden
Und so traurig, öd' und leer!
Rauhe Winde weh'n von Norden
Und die Sonne scheint nicht mehr.

Auf die Berge möchte' ich fliegen,
Möchte seh'n ein grünes Thal,
Möcht' in Gras und Blumen liegen
Und mich freu'n am Sonnenstrahl;

Möchte hören die Schalmeien
Und der Heerden Glockenklang,
Möchte freuen mich im Freien
An der Vögel süßem Sang.

Schöner Frühling, komm doch wieder,
Lieber Frühling, komm doch bald,
Bring' uns Blumen, Laub und Lieder,
Schmücke wieder Feld und Wald!

Ja, du bist uns treu geblieben,
Kommst nun bald in Pracht und Glanz,
Bringst nun bald all deinen Lieben
Sang und Freude, Spiel und Tanz.

Datura Fastuosa

(Der schöne Stechapfel)

Das Glashaus des Professors Ignaz Helms. Der junge Student Eugenius. Gretchen und die alte Professorin. Kampf und Entschluß.

In dem Glashause des Professors Ignaz Helms stand der junge Student Eugenius und betrachtete die schönen hochroten Blüten, die die königliche Amaryllis (Amaryllis reginae) eben zur Morgenzeit entfaltet.

Es war der erste milde Februarstag. Hell und freundlich leuchtete das reine Azur des wolkenlosen Himmels, strahlte die Sonne hinein durch die hohen Glasfenster. Die Blumen, die noch in grüner Wiege schlummerten, rührten sich wie im ahnenden Traum und trieben die saftigen Blätter empor, aber der Jasmin, die Reseda, die immerblühende Rose, der Schneeball, das Veilchen erfüllten, ins neue blühende Leben erwacht, das Haus mit den süßesten, lieblichsten Düften, und hin und wieder flatterten schon Vögelein, die sich schüchtern hervorgewagt aus dem warmen Nest, hinan und pickten an die Scheiben, als wollten sie sehnsüchtig den schönen bunten Frühling herauslocken, der in dem Hause verschlossen.

»Armer Helms«, sprach Eugenius mit tiefer Wehmut, »armer alter Helms, alle diese Pracht, alle diese Herrlichkeit schaust du nicht mehr! – Deine Augen schlossen sich für immer, du ruhst in kalter Erde! – Doch nein, nein! Ich weiß es ja, du bist unter all deinen lieben Kindern, die du so treulich hegtest und pflegtest, und keines, dessen frühen Tod du beklagtest, ist gestorben, und nun erst verstehest du ganz ihr Leben und ihre Liebe, die du nur zu ahnen vermochtest.« – In dem Augenblick klapperte und hantierte das kleine Gretchen mit der Gießkanne gar sehr unter den Blumen und Pflanzen umher. –

»Gretchen, Gretchen!« rief Eugenius, »was machst du denn? Ich glaube beinahe, du begießest schon wieder die Pflanzen ganz und gar zu unrechter Zeit und verdirbst, was ich sorglich gepflegt.« – Dem armen Gretchen wäre beinahe die gefüllte Gießkanne aus den Händen gefallen.

»Ach, lieber Herr Eugenius«, sprach sie, indem ihr die hellen Tränen in die Augen traten, »schelten Sie doch nur nicht, sein Sie doch nur nicht böse. Sie wissen ja, ich bin ein dummes, einfältiges Ding, ich denke immer, die armen Stauden und Sträucher, die hier im Hause kein Tau, kein Regen erquickt, schauten mich verschmachtend an, und ich müsse ihnen Speis' und Trank reichen.« – »Naschwerk«, fiel ihr Eugenius in die Rede, »Naschwerk, Gretchen, verderbliches Naschwerk ist ihnen das jetzt, woran sie erkranken und sterben. Überhaupt, du meinst es gut mit den Blumen, ich weiß es, aber es fehlt dir ganz an botanischer Kenntnis, und du gibst dir, meines sorgsamen Unterrichts unerachtet, gar keine Mühe mit dieser Wissenschaft, die doch jedem Frauenzimmer wohl ansteht, ja unentbehrlich ist, denn sonst weiß ein Mädchen ja nicht einmal, zu welcher Klasse und Ordnung die schön duftende Rose gehört, mit der es sich schmückt, und das ist doch sehr schlimm. Sag' einmal, Gretchen, was sind das für Pflanzen dort in jenen Töpfen, die nun bald blühen werden?« »Ja!« rief Gretchen freudig, »das sind ja meine lieben Schneeglöckchen!« »Siehst du«, sprach Eugenius weiter, »siehst du nun wohl, Gretchen, daß du nicht einmal deine Lieblingsblumen richtig zu benennen weißt! *Galanthus nivalis* mußt du sagen.« –

»*Galanthus nivalis*«, sprach Gretchen leise nach, wie in scheuer Ehrfurcht. – »Ach, lieber Herr Eugenius!« rief sie dann aber, »das klingt sehr schön und vornehm, aber es ist mir so, als wenn das gar nicht mein liebes Schneeglöckchen sein könne. Sie wissen ja, wie ich sonst, da ich noch ein Kind« – »Bist du es nicht mehr, Gretchen?« fiel ihr Eugenius in die Rede. »Ei nun«, erwiderte Gretchen, bis unter die Augen errötend, »wenn man in das vierzehnte Jahr getreten, rechnet man sich doch wohl nicht mehr zu den Kindern.« – »Und doch«, sprach Eugenius lächelnd, »und doch ist es nicht so lange her, daß die große neue Puppe –«

Schnell wandte sich Gretchen ab, sprang auf die Seite und machte sich mit den Töpfen zu schaffen, die dort auf dem Fußboden standen, sich zu ihnen niederkauernd. –

»Sei nicht böse, Gretchen«, fuhr Eugenius sanft fort; »bleibe immer das gute, fromme liebe Kind, das Vater Helms der bösen Verwandtin entriß und dann samt seiner edlen Frau so hielt, als wär's die eigne Tochter. – Doch du wolltest mir etwas erzählen!«

»Ach«, erwiderte Gretchen kleinlaut, »ach, lieber Herr Eugenius, das ist wohl wieder albernes Zeug, was mir in den Kopf gekommen, aber da Sie es wünschen, will ich nur alles ganz ehrlich gestehen. Wie Sie meine Alpenglöckchen so vornehm nannten, da fiel mir Fräulein Röschen ein. Ich und sie, nun, Sie wissen es ja, Herr Eugenius, wir waren sonst *ein* Herz und *eine* Seele und spielten, als wir – noch Kinder, gar zu gerne miteinander. Aber eines Tages, es mag wohl jetzt ein Jahr her sein war Röschen so ernst, so sonderbar gegen mich in ihrem ganzen Betragen und sagte, ich sollte sie nicht mehr Röschen nennen, sondern Fräulein Rosalinda. – Ich tat das, aber seit dem Augenblicke wurde sie mir immer fremder und fremder – ich hatte mein liebes Röschen verloren. So, denk' ich, wird es mir auch mit meinen lieben Blumen gehen, wenn ich sie plötzlich mit fremden stolzen Namen anreden sollte.«

»Hm«, sprach Eugenius, »es ist zuweilen etwas in deinen Worten, Gretchen, was ganz seltsam und sonderbar klingt. Man weiß ganz genau, was du sagen willst, und versteht doch eigentlich nicht, was du gesprochen. Aber das tut der herrlichen botanischen Wissenschaft nicht den mindesten Abbruch, und wenn auch dein Röschen jetzt Fräulein Rosalinda geworden, darfst du doch dich wohl um die Namen deiner Lieblinge, wie sie in der vornehmen, studierten Welt genannt werden, ein wenig bekümmern. – Nütze meinen Unterricht! – Für jetzt, mein gutes, liebes Mädchen, sieh aber nach den Hyazinthen. Schiebe den *Og roi de Buzan* und die *Gloria solis* mehr ins Sonnenlicht. Aus der *Péruque quarrée* scheint nicht viel werden zu wollen. Der *Emilius Graf Bühren*, der im Dezember so stolz blühte, ist schon zur Ruhe gegangen, der hält's nicht lange aus; aber der *Pastor fido* läßt sich hübsch an. Den *Hugo Grotius*, den magst du tapfer begießen, der muß noch tüchtig ins Wachstum.« –

Indem Gretchen, die aufs neue hoch errötet, als Eugenius sie sein gutes, liebes Mädchen nannte, ganz Freude und Lust, zu tun begann, was ihr geheißen, trat die Professorin Helms in das Glashaus. Eugenius machte sie darauf aufmerksam, wie herrlich schon der Frühlingsflor beginne, und rühmte vorzüglich die blühende *Amaryllis reginae*, die der selige Herr Professor beinahe noch höher geschätzt als die *Amaryllis formosissima*, weshalb er sie dann auch ganz besonders hege und pflege, seinem teuern Lehrer und Freunde zum steten Andenken.

»Sie haben«, sprach die Professorin gerührt, »Sie haben ein herzlich gutes kindliches Gemüt, lieber Herr Eugenius, und keinen von allen seinen Schülern, die denn so nach und nach ins Haus gekommen sind, hat mein verstorbener Mann so geschätzt, so väterlich geliebt als Sie. Aber keiner hat meinen Helms auch so verstanden, keiner ist seinem Innersten so verwandt gewesen, keiner so in das rechte Wahre und Eigentümliche seiner Wissenschaft eingedrungen als Sie. ›Der junge Eugenius‹, pflegte er oft zu sagen, ›ist ein treuer, frommer Jüngling, deshalb lieben ihn die Gewächse, Pflanzen, Bäume und gedeihen fröhlich unter seiner Pflege. Ein feindliches, störrisches, ruchloses Gemüt, das ist der Satan, der das Unkraut säet, welches wild aufwuchert und vor dessen giftigem Hauch die Gotteskinder absterben. – Gotteskinder nannte er ja seine Blumen.‹«

Dem Eugenius standen die Tränen in den Augen. »Ja, liebe hochverehrte Frau Professorin«, sprach er, »diese fromme Liebe will ich treu bewahren, und fortblühen in herrlichem Gedeihen soll dieser schöne Tempel meines Lehrers, meines Vaters, solange noch ein Hauch des Lebens in mir ist. (…)

Schneeglöckchen

Der Schnee, der gestern noch in Flöckchen
Vom Himmel fiel,
Hängt nun geronnen heut' als Glöckchen
Am zarten Stiel.
Schneeglöckchen läutet, was bedeut's
Im stillen Hain?
O komm geschwind! Im Haine läutet's
Den Frühling ein.
O kommt, ihr Blätter, Blüt' und Blume,
Die ihr noch träumt,
All zu des Frühlings Heiligtume
Kommt ungesäumt!

JOSEPH VON EICHENDORFF

Schneeglöckchen

'S war doch wie ein leises Singen
In dem Garten heute Nacht,
Wie wenn laue Lüfte gingen:
»Süße Glöcklein, nun erwacht,
Denn die warme Zeit wir bringen,
Eh's noch Jemand hat gedacht.« –
'S war kein Singen, 's war ein Küssen,
Rührt' die stillen Glöcklein sacht,
Daß sie alle tönen müssen
Von der künft'gen bunten Pracht.
Ach, sie konnten's nicht erwarten,
Aber weiß vom letzten Schnee
War noch immer Feld und Garten,
Und sie sanken um vor Weh.
So schon manche Dichter streckten
Sangesmüde sich hinab,
Und der Frühling, den sie weckten,
Rauschet über ihrem Grab.

März

Es ist ein Schnee gefallen,
Denn es ist noch nicht Zeit,
Daß von den Blümlein allen,
Daß von den Blümlein allen
Wir werden hoch erfreut.

Der Sonnenblick betrüget
Mit mildem, falschem Schein,
Die Schwalbe selber lüget,
Die Schwalbe selber lüget,
Warum? Sie kommt allein!

Sollt ich mich einzeln freuen,
Wenn auch der Frühling nah?
Doch kommen wir zu zweien,
Doch kommen wir zu zweien,
Gleich ist der Sommer da.

NIKOLAUS LENAU

Primula veris

Liebliche Blume,
Bist du so früh schon
Wiedergekommen?
Sei mir gegrüßet,
Primula veris!

Leiser denn alle
Blumen der Wiese
Hast du geschlummert,
Liebliche Blume,
Primula veris!

Dir nur vernehmbar
Lockte das erste
Sanfte Geflüster
Weckenden Frühlings,
Primula veris!

Liebliche Blume,
Primula veris!
Holde, dich nenn' ich
Blume des Glaubens.

Gläubig dem ersten
Winke des Himmels
Eilst du entgegen,
Öffnest die Brust ihm.

Frühling ist kommen,
Mögen ihn Fröste,
Trübende Nebel
Wieder verhüllen;

Blume, du glaubst es,
Daß der ersehnte
Göttliche Frühling
Endlich gekommen,

Öffnest die Brust ihm;
Aber es dringen
Lauernde Fröste
Tödlich ins Herz dir.

Mag es verwelken!
Ging doch der Blume
Gläubige Seele
Nimmer verloren!

Die Primeln blühn und grüßen

»Die Primeln blühn und grüßen
so lieblich mir zu Füßen,
die Amsel singt so laut.
Die Sonne scheint so helle –
nur ich weiß eine Stelle,
dahin kein Himmel blaut.«

– Feins Kind, mußt nicht so sagen!
Es bringt der Himmelswagen
auch deiner Brust den Tag.
Es wird auch deine Seele
der lieben Vogelkehle
gleichtun mit lautem Schlag.

»Die Primeln blühn und grüßen
so lieblich mir zu Füßen,
die Amsel singt so laut.
Die Sonne scheint so helle –.
Mein freundlicher Geselle,
mir ward viel Leid vertraut.«

FRIEDRICH RÜCKERT

Himmelschlüsselchen ist genannt ein goldnes
Feingebildetes Blümchen auf der Wiese,
Weil den Himmel auf Erden sieht die Unschuld
Aufgeschlossen im Frühling unter Blumen.
Himmelschlüsselchen nenn' ich, sprach ein Jüngling,
Dich mit eigenem Rechte, weil ein Himmel
Mir auf Erden, ein Herz, sich aufgeschlossen,
Ein geliebtes, im Frühling, als zum ersten
Kranz ich schüchtern dich wand mit andern Blumen.
Himmelschlüsselchen! den mir aufgeschloss'nen
Himmel schließe mir jeden Frühling neu auf,
Still verschließ' ihn vor jedem Blick des Neides!
Jedem anderen aber sei ein andrer
Himmel offen, den ich nicht ihm beneide.

Der Lenz, der bunte Blumenmann

JOHANN WOLFGANG GOETHE

Frühling

1

Auf, ihr Distichen, frisch. Ihr muntern lebendigen Knaben!
Reich ist Garten und Feld! Blumen zum Kranze herbei!

2

Reich ist an Blumen die Flur; doch einige sind nur dem Auge,
Andre dem Herzen nur schön; wähle dir, Leser, nun selbst!

3

Rosenknospe, du bist dem blühenden Mädchen gewidmet,
Die als die Herrlichste sich, als die Bescheidenste zeigt.

4

Viele der Veilchen zusammengeknüpft, das Sträußchen erscheinet
Erst als Blume; du bist, häusliches Mädchen, gemeint.

5

Eine kannt ich, sie war wie die Lilie schlank und ihr Stolz war
Unschuld; herrlicher hat Salomo keine gesehn.

6

Schön erhebt sich Aglei und senkt das Köpfchen herunter.
Ist es Gefühl? Oder ist's Mutwill? Ihr ratet es nicht.

7

Viele duftende Glocken, o Hyazinthe, bewegst du;
Aber die Glocken ziehn, wie die Gerüche, nicht an.

8

Nachtviole, dich geht man am blendenden Tage vorüber;
Doch bei der Nachtigall Schlag hauchest du köstlichen Geist.

9

Tuberose, du ragest hervor und ergetzest im Freien;
Aber bleibe vom Haupt, bleibe vom Herzen mir fern!

10

Fern erblick ich den Mohn; er glüht. Doch komm ich dir näher,
Ach, so seh ich zu bald, daß du die Rose nur lügst.

11

Tulpen, ihr werdet gescholten von sentimentalischen Kennern;
Aber ein lustiger Sinn wünscht auch ein lustiges Blatt.

12

Nelken, wie find ich euch schön! Doch alle gleicht ihr einander,
Unterscheidet euch kaum, und ich entscheide mich nicht.

13

Prangt mit den Farben Aurorens, Ranunkeln, Tulpen und Astern!
Hier ist ein dunkles Blatt, das euch an Dufte beschämt.

14

Keine lockt mich, Ranunkeln, von euch, und keine begehr ich;
Aber im Beete vermischt, sieht euch das Auge mit Lust.

15

Sagt! was füllet das Zimmer mit Wohlgerüchen? Reseda,
Farblos, ohne Gestalt, stilles, bescheidenes Kraut.

16

Zierde wärst du der Gärten; doch wo du erscheinest, da sagst du:
Ceres streute mich selbst aus mit der goldenen Saat.

17

Deine liebliche Kleinheit, dein holdes Auge, sie sagen
Immer: vergiß mein nicht! Immer: Vergiß nur nicht mein!

18

Schwänden dem inneren Auge die Bilder sämtlicher Blumen,
Eleonore, dein Bild brächte das Herz sich hervor.

Frühlingslaube

Die linden Lüfte sind erwacht,
Sie säuseln und weben Tag und Nacht,
Sie schaffen an allen Enden.
O frischer Duft, o neuer Klang!
Nun, armes Herze, sei nicht bang!
Nun muß sich alles, alles wenden.

Die Welt wird schöner mit jedem Tag,
Man weiß nicht, was noch werden mag,
Das Blühen will nicht enden.
Es blüht das fernste, tiefste Tal:
Nun, armes Herz, vergiß der Qual!
Nun muß sich alles, alles wenden.

Er ist's

Frühling läßt sein blaues Band
Wieder flattern durch die Lüfte;
Süße, wohlbekannte Düfte
Streifen ahnungsvoll das Land.
Veilchen träumen schon,
Wollen bald kommen.
– Horch, von fern ein leiser Harfenton!
Frühling, ja du bist's!
Dich hab ich vernommen!

FRIEDRICH RÜCKERT

Das Veilchen ist aufgeblüht,
Aber es duftet nicht,
Der März ist zu kalt und rauh.
Was fehlt dir, o krankes Gemüt?
Es fehlt dir der Freude Licht,
Es fehlt dir des Himmels Tau.
Das Veilchen ist aufgeblüht,
Aber es duftet nicht,
Der März ist zu kalt und rauh.

Das Veilchen

Ein Veilchen auf der Wiese stand,
Gebückt in sich und unbekannt;
Es war ein herzig's Veilchen.
Da kam eine junge Schäferin,
Mit leichtem Schritt und munterm Sinn,
Daher, daher,
Die Wiese her, und sang.

Ach! denkt das Veilchen, wär' ich nur
Die schönste Blume der Natur,
Ach, nur ein kleines Weilchen,
Bis mich das Liebchen abgepflückt,
Und an dem Busen matt gedrückt!
Ach nur, ach nur,
Ein Viertelstündchen lang!

Ach! aber ach! das Mädchen kam
Und nicht in Acht das Veilchen nahm,
Ertrat das arme Veilchen.
Es sang und starb und freut sich noch:
Und sterb' ich denn, so sterb' ich doch
Durch sie, durch sie,
Zu ihren Füßen doch.

Veilchen

25. April 1834

Heute ist weithin heiterer Himmel mit tiefem Blau, die Sonne scheint durch mein geöffnetes Fenster; das draußen schallende Leben dringt klarer herein, und ich höre das Rufen spielender Kinder. Gegen Süden stellen sich kleine Wolkenballen auf, die nur der Frühling so schön färben kann; die Metalldächer der Stadt glänzen und schillern, der Vorstadtturm wirft goldne Funken, und ein ferner Taubenflug läßt aus dem Blau zu Zeiten weiße Schwenkungen vortauchen.

Wäre ich ein Vogel, ich sänge heute ohne Aufhören auf jedem Zweige, auf jedem Zaunpfahle, auf jeder Scholle, nur in keinem Käfig – und dennoch hat mich der Arzt in einen gesperrt, und mir Bewegung untersagt; deshalb sitze ich nun da, dem Fenster gegenüber, und sehe in den Lenz hinaus, von dem ein Stück gütig zu mir hereinkommt. Auf dem Fenstergesimse stehen Töpfe mit Levkojenpflänzchen, die sich vergnüglich sonnen und ordentlich jede Sekunde grüner werden; einige Zweige aus des Nachbars Garten ragen um die Ecke, und zeigen mir, wie frohe Kinder, ihre kleinen, lichtgrünen, unschuldigen Blättchen.

Zwei alte Wünsche meines Herzens stehen auf. Ich möchte eine Wohnung von zwei großen Zimmern haben, mit wohlgebohnten Fußböden, auf denen kein Stäubchen liegt; sanft grüne oder perlgraue Wände, daran neue Geräte, edel, massiv, antik einfach, scharfkantig und glänzend; seidne, graue Fenstervorhänge, wie matt geschliffenes Glas, in kleine Falten gespannt, und von seitwärts gegen die Mitte zu ziehen. In dem einen der Zimmer wären ungeheure Fenster, um Lichtmassen hereinzulassen und mit obigen Vorhängen für trauliche Nachmittagsdämmerung. Rings im Halbkreise stände eine Blumenwildnis, und mitten darin säße ich mit meiner Staffelei, und versuchte endlich jene Farben zu erhaschen, die mir ewig im Gemüte schweben und nachts durch meine Träume dämmern – ach, jene Wunder, die in Wüsten prangen, über Ozeanen schweben und den Gottesdienst der Alpen feiern helfen. An den Wänden hinge ein oder der andere Ruysdael oder ein Claude, ein sanfter Guido und Kindergesichtchen von Murillo. In dieses Paphos und Eldorado ginge ich dann nie anders, als nur mit der unschuldigsten, glänzendsten Seele, um zu malen oder mir sonst dichterische Feste zu geben. Ständen noch etwa zwischen dunkelblättrigen Tropengewächsen ein paar weiße, ruhige Marmorbilder alter Zeit, dann wäre freilich des Vergnügens letztes Ziel und Ende erreicht.

Sommerabends, wenn ich für die Blumen die Fenster öffnete, daß ein Luftbad hereinströme, säße ich im zweiten Zimmer, das das gemeine Wohngehäuse mit Tisch und Bett, und Schrank und Schreibtisch ist, nähme auf ein Stündchen Vater Goethe zu Handen oder schriebe, oder ginge hin und wieder, oder säße weit weg von der Abendlampe und schaute durch die geöffneten Türflügel nach Paphos hinaus, in dem bereits die Dämmerung anginge oder gar schon Mondenschein wäre, der im Gegensatze zu dem trübgelben Erze meines Lampenlichtes schöne weiße Lilientafeln draußen auf die Wände legte, durch das Gezweig spielte, über die Steinbilder glitte und Silbermosaik auf den Fußboden setzte. Dann stellte ich wohl den guten Refraktor von Fraunhofer, den ich auch hätte, auf, um in den Licht- und Nebelauen des Mondes eine halbe Stunde zu wandeln; dann suchte ich den Jupiter, die Vesta und andere, dann unersättlich den Sirius, die Milchstraße, die Nebelflecken; dann neue, nur mit dem Rohre sichtbare Nebelflecken; gleichsam durch tausend Himmel zurückgeworfene Milchstraßen. In der erhabenen Stimmung, die ich hätte, ginge ich dann gar nicht mehr, wie ich leider jetzt abends tun muß, in das Gasthaus, sondern …

Doch dies führt mich auf den zweiten Wunsch: nämlich außer obiger Wohnung von zwei Zimmern noch drei anstoßende zu haben, in denen die allerschönste, holdeste, liebevollste Gattin der Welt ihr Paphos hätte, aus dem sie zuweilen hinter meinen Stuhl träte und sagte: diesen Berg, dieses Wasser, diese Augen hast du schön gemacht. Zu dieser Außerordentlichen ihres Geschlechts ginge ich nun an jenem Abende hinein, führte sie heraus vor den Fraunhofer, zeigte ihr die Welten des Himmels und ginge von einer zur andern, bis auch sie ergriffen würde von dem Schauder dieser Unendlichkeit – und dann fingen begeisterte Gespräche an, und wir schauten gegenseitig in unsere Herzen, die auch ein Abgrund sind, wie der Himmel, aber auch einer voll lauter Licht und Liebe, nur einige Nebelflecke abgerechnet; – oder wir gingen dann zu ihrem Pianoforte hinein, zündeten kein Licht an (denn der Mond gießt breite Ströme desselben bei den Fenstern herein), und sie spielte herrliche Mozart, die sie auswendig weiß, oder ein Lied von Schubert, oder schwärmte in eigenen Phantasieen herum – ich ginge auf und ab oder öffnete die Glastüren, die auf den Balkon führen, träte hinaus, ließe mir die Töne nachrauschen und sähe über das unendliche Funkengewimmel auf allen Blättern und Wipfeln unseres Gartens, oder wenn mein Haus an einem See stände – – – –

Aber, siehst Du, so bin ich – da wachsen die zwei Wünsche, daß sie mir am Ende kein König mehr verwirklichen könnte. Freilich wäre alles das sehr himmlisch, selbst wenn vor der Hand nur die zwei Zimmer da wären, auch mit etwas geringern Bildern; denn die Herrliche, die ich mir einbilde, wäre ja ohnedies nicht für mich leidenschaftlichen Menschen, der ich sie vielleicht täglich verletzte, wenn mich nicht etwa die Liebe zu einem völligen sanften Engel umwandelte. Indessen aber stehe ich noch hier und habe Mitleid mit meiner Behausung, die nur eine allereinzige Stube ist mit zwei Fenstern, durch die ich auf den Frühling hinausschaue, zu dem ich nicht einmal hinaus darf, und an Wipfeln und Gärten ist auch nichts Hinreichendes, außer den paar Zweigen des Nachbars, sondern die Höhe der Stube über andern Wohnungen läßt mich wohl ein sattsames Stück Himmel erblicken, aber auch Rauchfänge genug und mehrere Dächer, und ein paar Vorstadttürme. Die südlichen

Wolken stellten sich indessen zu artigen Partien zusammen, und gewinnen immer liebere und wärmere Farben. Ich will, da ich schon nicht hinaus darf, einige abzustehlen suchen und auf der Leinwand aufbewahren. – – Ich schrieb das Obenstehende heute morgens und malte fast den ganzen Tag Luftstudien. Abends begegnete mir ein artiger Vorfall. Auch moralischen und sogar zufälligen Erscheinungen gehen manchmal ihre Morgenröten vorher. Schon seit vielen Wochen ist mir die Bekanntschaft eines jungen Künstlers versprochen worden. Heute wurde er als Krankenbesuch von zwei Freunden gebracht, und siehe da! es war derselbe junge, schöne Mann, den ich vor zwei Tagen auf dem Spaziergange, der mir mein jetziges Halsweh zuzog, gefunden hatte. Ich erkannte ihn augenblicklich und war fast verlegen; er gab kein Zeichen, daß er auf den Spaziergänger geachtet habe, der so dreist in sein Gesicht und Studienbuch geschaut hat. Der Besuch war ein sehr angenehmer und die Bitte um Wiederholung wurde zugesagt. Sein Name ist Lothar Disson und sein vorzugsweises Fach die Landschaft; doch soll er auch sehr glücklich porträtieren.

THOMAS MANN

Der Zauberberg

(...) Im April fielen trübe, naßkalte Tage ein, deren Dauerregen in Schnee, in wirbelnden Neuschnee überging. Die Finger erstarrten in der Loggia, die beiden Kamelhaardecken traten ihren Dienst wieder an, es fehlte nicht viel, daß man zum Pelzsack gegriffen hätte, die Verwaltung entschloß sich, zu heizen, und jedermann klagte, man werde um seinen Frühling betrogen. Alles war dick verschneit gegen Ende des Monats; aber dann kam Föhn auf, vorausgesagt, vorausgewittert von erfahrenen und empfindlichen Gästen: Frau Stöhr sowohl, wie die elfenbeinfarbene Levi, wie nicht minder die Witwe Hessenfeld spürten ihn einstimmig schon, bevor noch das kleinste Wölkchen über dem Gipfel des Granitbergs im Süden sich zeigte. Frau Hessenfeld neigte alsbald zu Weinkrämpfen, die Levi wurde bettlägrig, und Frau Stöhr, die Hasenzähne störrisch entblößt, bekundete stündlich die abergläubische Befürchtung, ein Blutsturz möchte sie ereilen; denn die Rede ging, daß Föhnwind dergleichen befördere und bewirke. Unglaubliche Wärme herrschte, die Heizung erlosch, man ließ über Nacht die Balkontür offen und hatte trotzdem morgens elf Grad im Zimmer; der Schnee schmolz gewaltig, er wurde eisfarben, porös und löcherig, sackte zusammen, wo er zu Hauf lag, schien sich in die Erde zu verkriechen. Ein Sickern, Sintern und Rieseln war überall, ein Tropfen und Stürzen im Walde, und die geschaufelten Schranken an den Straßen, die bleichen Teppiche der Wiesen verschwanden, wenn auch die Massen allzu reichlich gelegen hatten, um rasch zu verschwinden. Da gab es wundersame Erscheinungen, Frühlingsüberraschungen auf Dienstwegen im Tal, märchenhaft, nie gesehen. Ein Wiesengebreite lag da, – im Hintergrund ragte der Schwarzhornkegel, noch ganz im Schnee, mit dem ebenfalls noch tief verschneiten Scalettagletscher rechts in der Nähe, und auch das Gelände mit seinem Heuschober irgendwo lag noch im Schnee, wenn auch die Decke schon dünn und schütter war, von rauhen und dunklen Bodenerhebungen da und dort unterbrochen, von trockenem Grase überall durchstochen. Das war jedoch, wie die Wanderer fanden, eine unregelmäßige Art von Verschneitheit, die diese Wiese da aufwies, – in der Ferne, gegen die waldigen Lehnen hin, war sie dichter, im Vordergrund aber, vor den Augen der Prüfenden, war das noch winterlich dürre und mißfarbene Gras mit Schnee nur noch gesprenkelt, betupft, beblümt ... Sie sahen es näher an, sie beugten sich staunend darüber, – das war kein Schnee, es waren Blumen, Schneeblumen, Blumenschnee, kurzstielige kleine Kelche, weiß und weißbläulich, es war Krokus, bei ihrer Ehre, millionenweise dem sickernden Wiesengrunde entsprossen, so dicht, daß man ihn gut und gern hatte für Schnee halten können, in den er weiterhin denn auch ununterscheidbar überging.

Sie lachten über ihren Irrtum, lachten vor Freude über das Wunder vor ihren Augen, diese lieblich zaghafte und nachahmende Anpassung des zuerst sich wieder hervorgetrauenden organischen Lebens. Sie pflückten davon, betrachteten und untersuchten die zarten Bechergebilde, schmückten ihre Knopflöcher damit, trugen sie heim, stellten sie in die Wassergläser auf ihren Zimmern; denn die unorganische Starre des Tales war lang gewesen, – lang, wenn auch kurzweilig.

Aber der Blumenschnee wurde mit wirklichem zugedeckt, und auch den blauen Soldanellen, den gelben und roten Primeln erging es so, die ihm folgten. Ja, wie schwer der Frühling es hatte, sich durchzuringen und den hiesigen Winter zu überwältigen! Zehnmal ward er zurückgeworfen, bevor er Fuß fassen konnte hier oben, – bis zum nächsten Einbruch des Winters, mit weißem Gestöber, Eiswind und Heizungsbetrieb. Anfang Mai (denn nun ist es gar schon Mai geworden, während wir von Schneeblumen erzählten), Anfang Mai war es schlechthin eine Qual, in der Loggia nur eine Postkarte ins Flachland zu schreiben, so schmerzten die Finger vor rauher Novembernässe;

und die fünfeinhalb Laubbäume der Gegend waren kahl wie die Bäume der Ebene im Januar. Tagelang währte der Regen, eine Woche lang stürzte er nieder, und ohne die versöhnenden Eigenschaften des hiesigen Liegestuhltyps wäre es überaus hart gewesen, im Wolkenqualm, mit nassem, starrem Gesicht, so viele Ruhestunden im Freien zu verbringen. Insgeheim aber war es ein Frühlingsregen, um den es sich handelte, und mehr und mehr, je länger er dauerte, gab er als solcher sich auch zu erkennen. Fast aller Schnee schmolz unter ihm weg; es gab kein Weiß mehr, nur hie und da noch ein schmutziges Eisgrau, und nun begannen wahrhaftig die Wiesen zu grünen!

Welch milde Wohltat fürs Auge, das Wiesengrün, nach dem unendlichen Weiß! Und noch ein anderes Grün war da, an Zartheit und lieblicher Weiche das Grün des neuen Grases noch weit übertreffend. Das waren die jungen Nadelbüschel der Lärchen, – Hans Castorp konnte auf Dienstwegen selten umhin, sie mit der Hand zu liebkosen und sich die Wange damit zu streicheln, so unwiderstehlich lieblich waren sie in ihrer Weichheit und Frische. »Man könnte zum Botaniker werden«, sagte der junge Mann zu seinem Begleiter, »man könnte wahr und wahrhaftig Lust bekommen zu dieser Wissenschaft vor lauter Spaß an dem Wiedererwachen der Natur nach einem Winter bei uns hier oben! Das ist ja Enzian, Mensch, was du da am Abhange siehst, und dies hier ist eine gewisse Sorte von kleinen gelben Veilchen, mir unbekannt. Aber hier haben wir Ranunkeln, sie sehen unten ja auch nicht anders aus, aus der Familie der Ranunkulazeen, gefüllt, wie mir auffällt, eine besonders reizende Pflanze, zwittrig übrigens, du siehst da eine Menge Staubgefäße und eine Anzahl Fruchtknoten, ein Andrözeum und ein Gynäzeum, soviel ich behalten habe. Ich glaube bestimmt, ich werde mir einen oder den anderen botanischen Schmöker zulegen, um mich etwas besser zu informieren auf diesem Lebens- und Wissensgebiet. Ja, wie es nun bunt wird auf der Welt!«

»Das kommt noch besser im Juni«, sagte Joachim. »Die Wiesenblüte hier ist ja berühmt. Aber ich glaube doch nicht, daß ich sie abwarte. – Das hast du wohl von Krokowski, daß du Botanik studieren willst?«

Krokowski? Wie meinte er das? Ach so, er kam darauf, weil Dr. Krokowski sich neulich botanisch gebärdet hatte bei einer seiner Konferenzen. Denn der ginge freilich fehl, der meinte, die durch die Zeit gezeitigten Veränderungen wären so weit gegangen, daß Dr. Krokowski keine Vorträge mehr gehalten hätte! Vierzehntägig hielt er sie, nach wie vor, im Gehrock, wenn auch nicht mehr in Sandalen, die er nur sommers trug und also nun bald wieder tragen würde, – jeden zweiten Montag im Speisesaal, wie damals, als Hans Castorp, mit Blut beschmiert, zu spät gekommen war, in seinen ersten Tagen. Drei Vierteljahre lang hatte der Analytiker über Liebe und Krankheit gesprochen, – nie viel auf einmal, in kleinen Portionen, in halb- bis dreiviertelstündigen Plaudereien, breitete er seine Wissens- und Gedankenschätze aus, und jedermann hatte den Eindruck, daß er nie werde aufzuhören brauchen, daß es immer und ewig so weitergehen könne. Das war eine Art von halbmonatlicher »Tausendundeine Nacht«, sich hinspinnend von Mal zu Mal ins Beliebige und wohlgeeignet, wie die Märchen der Scheherezade, einen neugierigen Fürsten zu befrieden und von Gewalttaten abzuhalten. In seiner Uferlosigkeit erinnerte Dr. Krokowskis Thema an das Unternehmen, dem Settembrini seine Mitarbeit geschenkt, die Enzyklopädie der Leiden; und als wie abwandlungsfähig es sich erwies, möge man daraus ersehen, daß der Vortragende neulich sogar von Botanik gesprochen hatte, genauer: von Pilzen ... Übrigens hatte er den Gegenstand vielleicht ein wenig gewechselt; es war jetzt eher die Rede von Liebe und Tod, was denn zu mancher Betrachtung teils zart poetischen, teils aber unerbittlich wissenschaftlichen Gepräges Anlaß gab. In diesem Zusammenhang also war das Gelehrte in seinem östlich schleppenden Tonfall und mit seinem nur einmal anschlagenden Zungen-R auf Botanik gekommen, das heißt auf die Pilze, – diese üppigen und phantastischen Schattengeschöpfe des organischen Lebens, fleischlich von Natur, dem Tierreich sehr nahe stehend, – Produkte tierischen Stoffwechsels, Eiweiß, Glykogen, animalische Stärke also, fanden sich in ihrem Aufbau. Und Dr. Krokowski hatte von einem Pilz gesprochen, berühmt schon seit dem klassischen Altertum seiner Form und der ihm zugeschriebenen Kräfte wegen, – einer Morchel, in deren lateinischem Namen das Beiwort impudicus vorkam, und dessen Gestalt an die Liebe, dessen Geruch jedoch an den Tod erinnerte. Denn das war auffallenderweise Leichengeruch, den der Impudicus verbreitete, wenn von seinem glockenförmigen Hute der grünliche, zähe Schleim abtropfte, der ihn bedeckte, und der Träger der Sporen war. Aber bei Unbelehrten galt der Pilz noch heute als aphrodisisches Mittel.

Na, etwas stark war das ja gewesen für die Damen, hatte Staatsanwalt Paravant gefunden, der, moralisch gestützt durch des Hofrats Propaganda, die Schneeschmelze hier überdauerte. Und auch Frau Stöhr, die ebenfalls charaktervoll standhielt und jeder Versuchung zu wilder Abreise die Stirne bot, hatte bei Tische geäußert, heute sei Krokowski denn aber doch »obskur« gewesen mit seinem klassischen Pilz. »Obskur«, sagte die Unselige und schändete ihre Krankheit durch namenlose Bildungsschnitzer. Worüber aber Hans Castorp sich wunderte, war, daß Joachim auf Dr. Krokowski und seine Botanik anspielte; denn eigentlich war zwischen ihnen von dem Analytiker ebensowenig die Rede wie von der Person Clawdia Chauchats oder der Marusjas, – sie erwähnten ihn nicht, sie übergingen sein Wesen und Wirken lieber mit Stillschweigen. Jetzt aber also hatte Joachim den Assistenten genannt, – in mißlaunigem Tone, wie übrigens auch schon seine Bemerkung, daß er die volle Wiesenblüte nicht abwarten wolle, recht mißlaunig geklungen hatte. Der gute Joachim, nachgerade schien er im Begriff, sein Gleichgewicht einzubüßen; seine Stimme schwankte beim Sprechen vor Gereiztheit, er war an Sanftmut und Besonnenheit durchaus nicht mehr der alte. Entbehrte er das Apfelsinenparfüm? Brachte die Fopperei mit der Gaffky-Nummer ihn zur Verzweiflung? Konnte er nicht mit sich selber ins Reine darüber kommen, ob er den Herbst hier erwarten oder falsche Abreise halten sollte?

GEORG PHILIPP HARSDÖRFFER

Der Frühling

Lied

Der frohe Frühling kömmt heran,
  Der Schnee dem Klee entweichet:
Der Lenz, der bunte Blumenmann,
  Mit linden Winden häuchet.
Die Erd' eröffnet ihre Brust;
  Mit Saft und Kraft erfüllet;
Der zarte West, der Felder Lust,
  Hat nun den Nord gestillet.
Es hat der silberklare Bach
  Den Harnisch ausgezogen;
Es jagt die Flut der Flute nach,
  Durch bunten Kies gesogen.
Das Tauen nun die Auen frischt,
  Die weiße Wollenherde
Auf neubegrüntem Teppich tischt
  Und tanzet auf der Erde.
Man hört die heisre Turteltaub',
  Die Schwalb' und Nachtigallen.
Das grünlichweiße Blütenlaub
  Muß aus den Knospen fallen
Und bauen diesen Schattentron
  Den Luft- und Feldergästen.
Die Rose hebt die Dornenkron'
  Auf schwachen Stachelästen.
Die Sonne wieder stärker scheint
  Und machet früher wachen.
Allein die dürre Rebe weint,
  Wann Feld und Wälder lachen.
Die hochgeschätzte Tulipan,

Das Sinnbild auf dem Beete,
Zieht ihre fremden Kleider an
Und pranget in die Wette.
Ach Gott, der du mit so viel Gut
Bekrönst des Jahres Zeiten,
Laß uns auch mit erfreutem Mut
Zum Paradies bereiten,
Da wir dich werden für und für,
Die höchste Schönheit finden,
Dagegen diese schnöde Zier
Ist eitler Staub der Sünden.

RAINER MARIA RILKE

Heiliger Frühling
Skizze

»Unser Herrgott hat sonderbare Kostgänger.« Das war das Lieblingswort des Studenten Vinzenz Viktor Karsky, und er wandte es in passenden und unpassenden Augenblicken stets mit einer gewissen Überlegenheit an, vielleicht weil er sich selbst im Stillen zu dieser Sorte rechnen mochte. Seine Genossen nannten ihn längst einen sonderbaren Kauz; sie schätzten seine Herzlichkeit, die oft an Sentimentalität grenzte, freuten sich an seinem Frohsinn, ließen ihn einsam, wenn er traurig war, und duldeten seine ›Überlegenheit‹ mit gutmütigem Vergeben.

Diese Überlegenheit Vinzenz Viktor Karskys bestand darin, daß er für Alles, was er tat oder unterließ, einen glänzenden Namen fand und, ohne zu prahlen, mit einer gewissen gereiften Sicherheit Tat auf Tat legte, wie einer, der aus tadellosen Steinen eine Mauer baut, die für alle Ewigkeit stehen soll.

Nach einem guten Frühstück sprach er gerne über Literatur, wobei er niemals tadelte oder verwarf, sondern nur die ihm angenehmen Bücher einer mehr oder minder innigen Anerkennung würdigte. Das klang dann wie eine allerhöchste Sanktion. Bücher, die ihm schlecht schienen, pflegte er überhaupt nicht zu Ende zu lesen, sagte aber dann auch kein Wort darüber, selbst wenn andere des Lobes voll waren.

Sonst hielt er sich gegen die Freunde nicht zurück, erzählte alle seine Erlebnisse, auch die intimer Art, mit liebenswürdigem Freimut und ließ es über sich ergehen, daß sie fragten, ob er nicht wieder versucht hätte, ein Proletarierkind ›zu sich emporzuheben‹. Man erzählte sich nämlich, daß Vinzenz Viktor Karsky bisweilen solche Versuche unternehme. Dabei mochten ihm seine tiefen blauen Augen und seine einschmeichelnde Stimme wohl zu gar manchem Erfolge verhelfen. Immerhin schien er die Zahl dieser Erfolge rastlos mehren zu wollen und bekehrte mit dem Eifer eines Religionsstifters eine Unzahl kleiner Mädchen zu seiner Glückseligkeitstheorie. Am Abend begegnete ihm ab und zu einer der Genossen, wenn er, eine blonde oder braune Gefährtin leicht unter dem Arme führend, seines Lehramts waltete. Und die Kleine lachte dann gewöhnlich mit dem ganzen Gesicht, Karsky aber machte eine so wichtige Miene, als wollte er sagen: »Unermüdlich im Dienste der Menschheit.« Kam aber mal einer und erzählte, daß der oder jener »hängen geblieben« wäre und nun in die nette Sippschaft hinein heiraten müsse, wippte der erfolggekrönte Wanderlehrer seine breiten, slawischeckigen Schultern und sagte fast verächtlich: »Ja, ja, – der Herrgott hat sonderbare Kostgänger.« –

Das Sonderbarste an Vinzenz Viktor Karsky aber war, daß es Etwas in seinem Leben gab, wovon keiner seiner nächsten Freunde wußte. Er verschwieg es gleichsam vor sich selbst; denn er hatte keinen Namen dafür; und doch dachte er daran, sommers, wenn er einsam auf weißem Weg in einen Sonnenuntergang ging, oder wenn der Winterwind sich in den Kamin seiner stillen Stube bohrte und die Kerntruppen der Schneeflocken gegen das verklebte Fenster Sturm liefen, oder im dämmerigen Kneipstübchen sogar mitten im Freundeskreis. Dann blieb das Glas unberührt vor ihm stehen; er schaute wie geblendet vor sich hin, als blicke er in ein fernes Feuer, und seine weißen Hände falteten sich unwillkürlich, als wäre ihm ein Beten gekommen – ganz von ungefähr, wie einem das Lachen oder das Gähnen kommt.

***

Wenn der Frühling in eine kleine Stadt einzieht, so gibt das ein Fest. Wie die Knospen aus enger Haft, drängen goldköpfige Kinder aus der winterschwülen Stube und wirbeln ins Land hinaus, als trüge sie der flatternde laue Wind, der ihnen Haare und Röckchen zerrt und ihnen die ersten Kirschenblüten in den

Schooß wirft. Und wie sie nach langer Krankheit ein altes, langvermißtes Spielzeug bejubeln würden, erkennen sie selig Alles wieder und begrüßen jeden Baum, jeden Busch und lassen sich vom jauchzenden Bache erzählen, was er all die Zeit getrieben. Und was für eine Wonne ist das, durch das erste grüne Gras laufen, das zage und zart die nackten Füßchen kitzelt, dem ersten Weißling nachhüpfen, der in ratlos großen Bogen über den kargen Holunderbüschen sich verliert ins endlose, blasse Blau hinein. – Überall regt sich Leben. Unterm Dach, auf den rotleuchtenden Telegraphendrähten und sogar hoch auf dem Kirchturm, hart neben der brummigen, alten Glocke, ist Schwalben-Stelldichein. Die Kinder schauen mit großen Augen, wie die Wandervögel die alten lieben Nester finden, und der Vater zieht den Rosenstöcken den Strohmantel und die Mutter den ungeduldigen Kleinen die warmen Flanellhöschen aus.

Auch die Alten kommen mit scheuem Schritt über die Schwelle, reiben sich die faltigen Hände und blinzeln ins flutende Licht hinaus, und nennen sich »Alterchen« und wollens nicht zeigen, daß sie glücklich und gerührt sind. Aber ihre Augen gehen über, und sie danken beide im Herzen: Noch einen Frühling.

***

An solch einem Tag ohne eine Blume in der Hand auszugehen, ist Sünde, dachte der Student Karsky. Und deshalb schwenkte er einen duftenden Zweig in der Rechten, als müßte er dem Frühling Reklame machen. Leichtschrittig und schnell, wie um früher dem dumpfig kühlen Atem der schwarz gähnenden Haustore zu entfliehen, ging er durch die alten, grauen Giebelgassen, winkte dem Wirt der Stammkneipe, der mit feistem Lächeln unter der breiten Einfahrt seines Gasthofs prahlte, und nickte den Kindern zu, die bei dem Schlag der Mittagsglocke aus der engen Schule wirbelten. Erst gings ganz sittsam zwei zu zwei, allein zwanzig Schritte von dem Schultor platzte der Schwarm in unzählige Teilchen auseinander, und der Student mußte an jene Raketen denken, die hoch im Blauen in lauter winzige Leuchtsterne und -kugeln aufgehen. Ein Lächeln auf den Lippen und ein Lied in der Seele, eilte er jenem äußersten Bezirke des Städtchens zu, wo teils behäbige, bäurisch aussehende Gehöfte, teils weiße Villenneubauten, von kleinen Gärtchen umrahmt, gar freundlich dreinschauten. Dort vor einem der letzten Häuser erfreuten ihn die hohen Laubengänge, über deren leichtgeschwungenem Gezweig schon ein grüner Hauch schimmerte, wie ein Ahnen künftiger Pracht. Am Eingang blühten zwei Kirschbäume, und das sah aus, als wäre eine Triumphpforte für den Frühling erbaut und als schrieben die blaßrosa Blüten ein leuchtendes Willkommen darüber.

Plötzlich schrak Karsky zusammen: Mitten in dem Blühen sah er zwei tiefblaue Augen, die mit ruhiger, schlürfender Seligkeit ins Weite träumten. Er gewahrte erst nur die beiden Augen, und ihm war, der Himmel selber schaute ihn durch die Blütenbäume an. – Er kam näher und staunte. Ein blasses, blondes Mädchen kauerte da auf dem mattfarbigen geblumten Lehnstuhl; ihre weißen Hände, die nach etwas Unsichtbarem zu greifen schienen, hoben sich hell und durchscheinend von der dunkelgrünen Decke ab, die Kniee und Füße umschloß. Die Lippen waren zartrot wie kaum erschlossene Blüten, und ein leises Lächeln umsonnte sie. So lächelt ein Kind, das in der Christnacht, das neue Holzpferdchen im Arm, entschlafen ist. So schön und duftig war das bleiche, verklärte Gesicht, daß dem Studenten auf einmal alte Märchen einfielen, an die er lange, lange nicht mehr gedacht hatte. Und er blieb stehen – unwillkürlich, wie er heute bei einer Wegmadonna stehen geblieben wäre, in dem Gefühl jener großen treuinnigen Sonnendankbarkeit, das die bisweilen überkommt, die das Beten verlernt haben. – Da begegnete sein Blick dem des Mädchens. Sie schauten sich in die Augen mit seligem Verständnis. Und halb unbewußt schleuderte der Student den jungen Blütenzweig über den Zaun, daß er mit sachtem Taumeln in den Schooß des blassen Kindes niederschwebte. Die weißen, schmalen Hände griffen mit zärtlicher Hast nach dem duftigen Geschoß, und Karsky genoß den leuchtenden Dank der Märchenaugen mit wonnigem Bangen. Dann schritt er weiter feldein. Erst als er weit im Freien war und der hohe Himmel mit feierlicher Stille über ihm lag, bemerkte er, daß er unablässig sang. Es war ein kleines, altes, seliges Lied.

***

Das hab ich mir auch oft gewünscht, dachte der Student Vinzenz Viktor Karsky, krank gewesen sein einen ganzen Winter lang, und wenn der Frühling kommt, langsam und mählich ins Leben zurückkehren. Vor der Türe sitzen mit staunenden Augen und so recht ausgeruht sein und so kindisch dankbar für Sonne und Dasein. – Und alle sind dann lieb und freundlich, und die Mutter kommt dem Genesenen jeden Augenblick die Stirne küssen, und die Geschwister spielen Ringelreihn und singen bis ins Abendrot. – Und er dachte das, weil ihm immer wieder die blonde kranke Helene einfiel, die da draußen unter dem blütenschweren Kirschbaum saß und seltsame Träume sann. Wie oft sprang er von seinen Arbeiten auf und eilte zu dem blassen, stillen Mädchen. – Zwei Menschen, die das gleiche Glück leben, finden sich schnell. Die Kranke und Viktor berauschten sich beide an der kühlen, duftigen Frühlingsluft, und ihre Seelen klangen denselben Jubel. Er saß neben dem blonden Kinde und erzählte ihm tausend Geschichten mit sanfter, kosender Stimme. Was aus ihm klang, war ihm selbst fremd und neu, und er lauschte mit entzücktem Erstaunen auf seine eigenen Worte, die so rein und voll waren, wie eine Offenbarung. Und es mußte wirklich etwas Großes sein, das er verkündete; denn auch Helenens Mutter, und das war eine Frau mit breiten, weißen Scheiteln, die gar manches gehört haben mochte in Welt und Wandel, lauschte oft wie andächtig, wenn er sprach, und einmal sagte sie mit unmerklichem Lächeln: »Sie müßten eigentlich ein Dichter sein, Herr Karsky.«

***

Die Genossen aber schüttelten nachdenklich die Köpfe. Vinzenz Viktor Karsky kam selten in ihren Abendkreis; kam er einmal, blieb er schweigsam, hörte weder ihre Scherze noch Fragen und lächelte nur so heimlich ins Lampenlicht, als lauschte er auf ein fernes, trautes Singen. Auch über Literatur sprach er nicht mehr, wollte nichts lesen und murrte, wenn man ihn ungestüm aus seinem Sinnen zerrte, ganz unvermittelt: »Bitt euch, der liebe Herrgott hat sonderbare Kostgänger.«

Darüber waren die Studenten aber einig, daß der gute Karsky nunmehr zu den allersonderbarsten gehörte; denn auch von seiner biederen Überlegenheit ließ er nichts mehr merken, und die kleinen Mädchen vermißten seine menschenfreundliche Lehrtätigkeit. Er war Allen ein Rätsel geworden. Traf man ihn mal des Abends in den Gassen, ging er allein, blickte weder rechts noch links und schien bemüht, den seligen, seltsamen Glanz seiner Augen so rasch wie möglich in sein einsames Stübchen zu tragen und dort zu bergen – vor aller Welt.

***

»Was du für einen schönen Namen hast, Helene«, raunte Karsky mit behüteter Stimme, als hätte er dem Mädchen ein Geheimnis anvertraut.

Helene lächelte: »Der Onkel schilt immer und meint, so sollten eigentlich nur Prinzessinnen und Königinnen heißen.«

»Du bist auch eine Königin. Siehst du denn nicht, daß du eine Krone trägst von eitel Gold. Deine Hände sind wie Lilien, und ich glaube, Gott hat sich sogar entschlossen, seinen teuren Himmel zu zerschneiden, um dir Augen zu machen.«

»Du, Schwärmer«, grollte die Kranke mit dankbaren Augen.

»So möcht ich dich malen können!« seufzte der Student auf. Dann schwiegen sie beide. Ihre Hände fanden sich unwillkürlich, und sie hatten die Empfindung, es käme eine Gestalt auf sie zu durch den lauschenden Garten, ein Gott oder eine Fee. Seliges Erwarten füllte ihre Seelen. Ihre dürstenden Blicke trafen sich wie zwei schwärmende Falter – und küßten sich.

Und dann begann Karsky, und seine Stimme war wie fernes Birkenrauschen:

»Das ist alles wie ein Traum. Du hast mich verzaubert. Mit jenem Blütenzweig hab ich mich dir zueigengegeben. Alles ist Anders. So viel Licht ist in mir. Ich weiß gar nicht mehr, was früher war. Ich fühle keinen Schmerz, kein Unbehagen, nicht einmal einen Wunsch in mir. – So hab ich mir immer die Seligkeit gedacht – das jenseits vom Grab …«

»Fürchtest du das Sterben?«

»Das Sterben? Ja. Aber nicht den Tod.«

Helene legte ihm sanft die bleiche Hand auf die Stirne. Er fühlte, sie war sehr kalt: »Komm ins Zimmer«, mahnte er leise.

»Mir ist gar nicht kalt – und der Frühling ist so schön.«

Helene sagte das mit inniger Sehnsucht. Ihr Wort klang nach wie ein Lied.

***

Die Kirschbäume blühten nicht mehr, und Helene saß tiefer im Laubengange, wo der Schatten schwerer und kühler war. Vinzenz Viktor Karsky war Abschied nehmen gekommen. Die Sommerferien brachte er fern an einem See des Salzkammergutes bei seinen alten Eltern zu. Sie sprachen wie immer über das und dies, über Träume und Erinnerungen. Aber der Zukunft gedachte keines. Helenes Gesichtchen war bleicher als sonst, ihre Augen größer und tiefer, und die Hände zuckten leise auf der dunkelgrünen Decke. Und als der Student sich erhob und die beiden Hände behutsam wie etwas Zerbrechliches in die seinen nahm, da sagte Helene leise:

»Küß mich, du!«

Und der junge Mann neigte sich und berührte mit kühlen, gierdelosen Lippen Stirn und Mund der Kranken. Wie einen Segen trank er den heißen Duft dieses keuschen Mundes, und dabei fiel ihm eine Szene aus ferner Kindheit ein: wie Mutter ihn mal emporgehoben hatte zu einem wundertätigen Madonnenbild. Und dann ging er, gestärkt, ohne Schmerz durch den dämmerigen Laubengang. Er wandte sich noch einmal um, winkte dem blassen Kinde zu, das ihm mit müdem Lächeln nachschaute, und warf dann eine junge Rose über den Zaun. Mit seliger Sehnsucht haschte Helene danach. Die rote Blüte aber fiel zu ihren Füßen nieder. Das kranke Mädchen bückte sich mühsam; es nahm die Rose zwischen die gefalteten Hände und küßte sich die Lippen rot an den samtweichen Blättern.

Das hatte Karsky nicht mehr gesehen.

Mit gefalteten Händen ging er durch die Sommerglut.

Als er in sein stilles Stübchen trat, warf er sich in den alten Lehnstuhl und schaute in die Sonne hinaus. Die Fliegen summten hinter den weißen Tüllgardinen, und eine junge Knospe war aufgesprungen auf dem Fensterbrett. Und da kam dem Studenten von ungefähr zu Sinne, daß sie nicht: »auf Wiedersehen« gesagt hatten.

***

Sonngebräunt war Vinzenz Viktor Karsky von den Ferien in die kleine Stadt zurückgekehrt. Mechanisch ging er durch die altgewohnten Giebelgassen und warf keinen Blick auf die Häuserstirnen, die das falbe Herbstlicht fast violett erscheinen ließ. Es war der erste Weg, den er seit seiner Heimkehr machte, und doch schritt er wie einer dahin, der täglich dieselbe Strecke zurücklegt; er trat endlich durch das hohe Gittertor in den stillen Kirchhof und setzte auch dort zwischen den Hügeln und Kapellen zielsicher seinen Weg fort. Vor einem grünen Grab blieb er stehen und las von dem schlichten Kreuze ab: Helene. Er hatte gefühlt, daß er sie hier finden müsse. Ein Lächeln der Wehmut zuckte um seine Mundwinkel.

Auf einmal dachte er: Nein, wie geizig die Mutter doch war! Auf des Mädchens Hügel lag neben verdorrten Blumen ein plumper Blechkranz mit geschmacklosen Blüten. Der Student holte ein paar Rosen, kniete nieder und deckte das kantige, karge Metall ganz mit den frischen Blüten zu, daß auch nicht ein Eckchen mehr zu sehen war. Dann ging er wieder, und sein Herz war klar, wie der rote Frühherbstabend, der so feierlich über den Dächern lag. –

Karsky saß eine Stunde später in der Stammkneipe. Die alten Genossen umdrängten ihn, und auf ihr stürmisches Begehr erzählte er von seiner Sommerreise. Als er von den Alpentouren sprach, gewann er wieder seine alte Überlegenheit. Man trank ihm zu.

»Du«, begann einer der Freunde, »was war denn das damals mit dir, vor den Ferien, du warst ja ganz ... na, – vorwärts, heraus mit der Farbe!«

Da sagte Vinzenz Viktor Karsky mit verstohlenem Lächeln: »Na, der liebe Herrgott ...«

»... hat sonderbare Kostgänger«, ergänzten die andern im Chor. »Das wissen wir schon.«

Nach einer Weile, als niemand mehr eine Antwort erwartete, fügte er sehr ernst hinzu: »Glaubt mir, es kommt darauf an, daß man einmal im Leben einen heiligen Frühling hat, der einem soviel Licht und Glanz in die Brust senkt, daß es ausreicht, alle ferneren Tage damit zu vergolden ...«

Alle lauschten, als erwarteten sie noch etwas. Karsky aber schwieg mit leuchtenden Augen. Keiner hatte ihn verstanden, allein über allen lags wie ein geheimnisvoller Bann, bis der Jüngste seines Glases Rest mit raschem Ruck austrank, auf den Tisch schlug und rief: »Kinder, ich glaub ihr wollt sentimental werden. – Auf! Ich lad euch alle zu mir ein. Da ists gemütlicher, als in der Gaststube, und dann: es kommen auch ein paar Mädel. – Du gehst doch mit?« wandte er sich zu Karsky.

»Freilich«, sagte Vinzenz Viktor Karsky heiter und trank langsam sein Glas leer. –

Frühlingsnacht

Ueber'n Garten durch die Lüfte
Hört' ich Wandervögel ziehn,
Das bedeutet Frühlingsdüfte,
Unten fängt's schon an zu blühn.

Jauchzen möcht' ich, möchte weinen,
Ist mir's doch, als könnt's nicht sein!
Alte Wunder wieder scheinen
Mit dem Mondesglanz herein.

Und der Mond, die Sterne sagen's,
Und in Träumen rauscht's der Hain,
Und die Nachtigallen schlagen's:
Sie ist Deine, sie ist Dein!

Mailied

O wie schön, wie schön ist der Mai!
Gras und Blumen wachsen,
Bäume haben Blätter,
Sanfte Winde wehen
Stiere gehn und weiden,
Junge Lämmer blöken,
O wie schön, wie schön ist der Mai.
Seht hier diese Wiese!
Tausend grüne Spitzen,
Und an allen Spitzen
Hangen Tropfen Tau.
Wie die Schlüsselblumen
Hier beisammenstehen!
Wie die Blätter rauschen!
Und dort fern am Hügel
Singt die Nachtigall.
Rundumher ist Freude,
Freude dort am Hügel,
Und im Tale Freude,
Freude in Gebüschen
Freude auf den Bäumen,
Alles lebt und fühlet,
O wie schön, wie schön ist der Mai!
Wenn doch Daphne käme! –
Wehet sanft ihr Winde,
Duftet süß ihr Blumen!
Ich will jetzt die schönsten
Ganz behutsam pflücken,
Nicht den Blüten schaden,
Nicht den Tau verschütten,

Und beim Morgengruße
Ihr die Blumen geben,
Und dann stehn und sehen
Wie sie Kränze flechtet,
Wie sie unter ihnen
Den bescheidnen wählet
Um die Stirn ihn windet
Und dann freundlich blicket
Unterm Blumenkranze.
    Wenn doch Daphne käme –!
– – und an allen Spitzen
Hangen Tropfen Tau,
Und die Stiere weiden,
Und die Blumen wachsen,
Und die Blätter rauschen,
Und die Lämmer blöken,
Und dort fern am Hügel,
Singt die Nachtigall.

Es ist heute der erste Mai

Es ist heute der erste Mai. Wie ein Meer des Lebens ergießt sich der Frühling über die Erde, der weiße Blütenschaum bleibt an den Bäumen hängen, ein weiter, warmer Nebelglanz verbreitet sich überall. In der Stadt blitzen freudig die Fensterscheiben der Häuser, an den Dächern bauen die Spatzen wieder ihre Nestchen, auf der Straße wandeln die Leute und wundern sich, daß die Luft so angreifend und ihnen selbst so wunderlich zu Mute ist; die bunten Vierlanderinnen bringen Veilchensträußer; die Waisenkinder, mit ihren blauen Jäckchen und ihren lieben, unehelichen Gesichtchen, ziehen über den Jungfernstieg und freuen sich, als sollten sie heute einen Vater wiederfinden; der Bettler an der Brücke schaut so vergnügt, als hätte er das große Los gewonnen, sogar den schwarzen, noch ungehenkten Makler, der dort mit seinem spitzbübischen Manufakturwaren-Gesicht einherläuft, bescheint die Sonne mit ihren tolerantesten Strahlen, – ich will hinauswandern vor das Tor.

Es ist der erste Mai, und ich denke deiner, du schöne Ilse – oder soll ich dich »Agnes« nennen, weil dir dieser Name am besten gefällt? – ich denke deiner, und ich möchte wieder zusehen, wie du leuchtend den Berg hinabläufst. Am liebsten aber möchte ich unten im Tale stehen und dich auffangen in meine Arme. – Es ist ein schöner Tag! Überall sehe ich die grüne Farbe, die Farbe der Hoffnung. Überall, wie holde Wunder, blühen hervor die Blumen, und auch mein Herz will wieder blühen. Dieses Herz ist auch eine Blume, eine gar wunderliche. Es ist kein bescheidenes Veilchen, keine lachende Rose, keine reine Lilie, oder sonstiges Blümchen, das mit artiger Lieblichkeit den Mädchensinn erfreut, und sich hübsch vor den hübschen Busen stecken läßt, und heute welkt und morgen wieder blüht. Dieses Herz gleicht mehr jener schweren, abenteuerlichen Blume aus den Wäldern Brasiliens, die, der Sage nach, alle hundert Jahre nur einmal blüht. Ich erinnere mich, daß ich als Knabe eine solche Blume gesehen. Wir hörten in der Nacht einen Schuß, wie von einer Pistole, und am folgenden Morgen erzählten mir die Nachbarskinder, daß es ihre »Aloe« gewesen, die mit solchem Knalle plötzlich aufgeblüht sei. Sie führten mich in ihren Garten, und da sah ich, zu meiner Verwunderung, daß das niedrige, harte Gewächs mit den närrisch breiten, scharfgezackten Blättern, woran man sich leicht verletzen konnte, jetzt ganz in die Höhe geschossen war, und oben, wie eine goldene Krone, die herrlichste Blüte trug. Wir Kinder konnten nicht so hoch hinaufsehen, und der alte, schmunzelnde Christian, der uns lieb hatte, baute eine hölzerne Treppe um die Blume herum, und da kletterten wir hinauf, wie die Katzen, und schauten neugierig in den offenen Blumenkelch, woraus die gelben Strahlenfäden und wildfremden Düfte mit unerhörter Pracht hervordrangen.

Ja, Agnes, oft und leicht kommt dieses Herz nicht zum Blühen; so viel ich mich erinnere, hat es nur ein einziges Mal geblüht, und das mag schon lange her sein, gewiß schon hundert Jahr. Ich glaube, so herrlich auch damals seine Blüte sich entfaltete, so mußte sie doch aus Mangel an Sonnenschein und Wärme elendiglich verkümmern, wenn sie nicht gar von einem dunkeln Wintersturme gewaltsam zerstört worden. Jetzt aber regt und drängt es sich wieder in meiner Brust, und hörst du plötzlich den Schuß – Mädchen, erschrick nicht! ich hab mich nicht tot geschossen, sondern meine Liebe sprengt ihre Knospe, und schießt empor in strahlenden Liedern, in ewigen Dithyramben, in freudigster Sangesfülle.

Ist dir aber diese hohe Liebe zu hoch, Mädchen, so mach es dir bequem, und besteige die hölzerne Treppe, und schaue von dieser hinab in mein blühendes Herz.

Es ist noch früh am Tage, die Sonne hat kaum die Hälfte ihres Weges zurückgelegt, und mein Herz duftet schon so stark, daß es mir betäubend zu Kopfe steigt, daß ich nicht mehr weiß, wo die Ironie aufhört und der Himmel anfängt, daß ich die Luft mit meinen Seufzern bevölkere, und daß ich selbst wieder zerrinnen möchte in süße Atome, in die unerschaffene Gottheit; – wie soll das erst gehen, wenn es Nacht wird, und die Sterne am Himmel erscheinen, »die unglückseigen Sterne, die dir sagen können – –«

Es ist der erste Mai, der lumpigste Ladenschwengel hat heute das Recht, sentimental zu werden, und dem Dichter wolltest du es verwehren?

Die Eisheiligen

Die Eisheiligen stehen mit steif gefrorenen Bärten,
aus denen der kalte Wind Schneekörner kämmt,
früh plötzlich in den blühenden Frühlingsgärten,
Nachzügler, Troß vom Winter, einsam, fremd.

Eine kurze Weile nur sind sie hilflos, betroffen,
dann stürzt die Meute auf den Blumenpfad.
Sie können nicht, sich lang zu halten, hoffen;
so wüsten sie in sinnlos böser Tat.

Von den Kastanien reißen sie die Kerzen
und trampeln tot der Beete bunten Kranz,
dem zarten, unschuldsvollen Knospenglück bereiten sie hohnlachend Schmerzen,
zerstampfen junges Grün in greisenhaft verbißnem Kriegestanz.

Plötzlich mitten in all dem Toben und Rasen
ist ihre Kraft vertan,
und die ersten warmen Winde blasen
aus der Welt den kurzen Wahn.

Mailied

Der Anger steht so grün, so grün,
die blauen Veilchenglocken blühn,
und Schlüsselblumen drunter,
  Der Wiesengrund ist schon so bunt,
  und färbt sich täglich bunter.

Drum komme, wem der Mai gefälllt,
und freue sich der schönen Welt,
  und Gottes Vatergüte,
  die diese Pracht
Hervorgebracht,
den Baum und seine Blüte.

Am Sophientag

Süßer Mai, du Quell des Lebens
Bist so süßer Blumen voll
Liebe sucht auch nicht vergebens,
Wem sie Kränze winden soll.

Süßer Mai, mit Blumenglocken
Läutest du das Fest mir ein
Ich bekränze ihre Locken,
Will ein frommer Gast auch sein.

Süßer Mai, zum Liebesmahle
Trägst du Blumenkelche ein
Blütensäulen stehn im Saale
Drüber wölbt sich Sonnenschein.

Süßer Mai, in deinen Kelchen
Küssen fromme Bienen sich
Aber unter allen, welchen
Hast du eingefüllt für mich!

Süßer Mai! du bringest nieder
Blume, Blüte, Sonnenschein,
Daß ich wisse, wem die Lieder,
Wem das Herz, das Leben weihn.

AUGUST HEINRICH
HOFFMANN VON FALLERSLEBEN

Maiglöckchen

Maiglöckchen läutet in dem Tal,
Das klingt so hell und fein:
So kommt zum Reigen allzumal,
Ihr lieben Blümelein!

Die Blümchen, blau und gelb und weiß,
Die kommen all herbei:
Vergißmeinnicht und Ehrenpreis,
Zeitlos und Akelei.

Maiglöckchen spielt zum Tanz im Nu,
Und alle tanzen dann.
Der Mond sieht ihnen freundlich zu,
Hat seine Freude dran.

Den Junker Reif verdroß das sehr,
Er kommt ins Tal hinein,
Maiglöckchen spielt zum Tanz nicht mehr,
Fort sind die Blümelein.

Doch kaum der Reif das Tal verläßt,
Da rufet wiederum
Maiglöckchen zu dem Frühlingsfest
Und läutet: bim, bam, bum.

Nun hält's auch mich nicht mehr zu Haus,
Maiglöckchen ruft auch mich,
Die Blümchen gehn zum Tanz hinaus,
Zum Tanzen geh auch ich.

Lyrisches Intermezzo

I.

Im wunderschönen Monat Mai,
Als alle Knospen sprangen,
Da ist in meinem Herzen
Die Liebe aufgegangen.

Im wunderschönen Monat Mai,
Als alle Vögel sangen,
Da hab ich ihr gestanden
Mein Sehnen und Verlangen.

II.

Aus meinen Träumen sprießen
Viel blühende Blumen hervor,
Und meine Seufzer werden
Ein Nachtigallenchor.

Und wenn du mich liebhast, Kindchen,
Schenk ich dir die Blumen all,
Und vor deinem Fenster soll klingen
Das Lied der Nachtigall.

Vergißmeinnicht

Ein Blümchen ist so wunderschön,
Gelobt von allen, die es sehn,
Es ist das Blümchen, welches spricht:
Vergißmeinnicht.
Dies Blümchen hab ich oft gepflückt,
Die Farbe hat mich stets entzückt,
Weil jedesmal sie zu mir spricht:
Vergißmeinnicht.

Maifest

Wie herrlich leuchtet
Mir die Natur!
Wie glänzt die Sonne!
Wie lacht die Flur!

Es dringen Blüten
Aus jedem Zweig
Und tausend Stimmen
Aus dem Gesträuch

Und Freud und Wonne
Aus jeder Brust.
O Erd, o Sonne,
O Glück, o Lust,

O Lieb, o Liebe,
So golden schön
Wie Morgenwolken
Auf jenen Höhn,

Du segnest herrlich
Das frische Feld,
Im Blütendampfe
Die volle Welt!

O Mädchen, Mädchen,
Wie lieb ich dich!
Wie blinkt dein Auge,
Wie liebst du mich!

So liebt die Lerche
Gesang und Luft,
Und Morgenblumen
Den Himmelsduft,

Wie ich dich liebe
Mit warmen Blut,
Die du mir Jugend
Und Freud und Mut

Zu neuen Liedern
Und Tänzen gibst.
Sei ewig glücklich,
Wie du mich liebst.

Die Trauben-Hyazinthe

Angenehmes Frühlingskindchen,
Kleines Trauben-Hyazinthchen,
Deiner Farb und Bildung Zier
Zeiget mit Verwundrung mir,
Von der bildenden Natur
Eine neue Schönheitsspur.
An des Stengels blauer Spitzen
Sieht man, wenn man billig sieht,
Deiner sonderbaren Blüt
Kleine blaue Kugeln sitzen,
Dran, solange sich ihr Blatt
Noch nicht aufgeschlossen hat,
Wie ein Purpurstern sie schmücket,
Man, nicht sonder Lust, erblicket.
Aber wie von ungefähr
Meine Blicke hin und her
Auf die offnen Blumen liefen,
Konnt ich, in den blauen Tiefen,
Wie aus himmelblauen Höhen,
Silberweiße Sternchen sehen,
Die in einer blauen Nacht,
So sie rings bedeckt, im Dunkeln,
Mit dadurch erhöhter Pracht,
Noch um desto heller funkeln.
Ihr so zierliches Gepränge,
Ihre Nettigkeit und Menge,
Die die blauen Tiefen füllt,
Schiene mir des Himmels Bild,
Welches meine Seele rührte,
Und durch dieser Sternen Schein,

Die so zierlich, rein und klein,
Mich zum Herrn der Sterne führte,
Dessen unumschränkte Macht,
Aller Himmel tiefe Meere,
Aller Welt und Sonnen Heere,
Durch ein Wort, hervorgebracht;
Dem es ja so leicht, die Pracht
In den himmlischen Gefilden,
Als die Sternchen hier, zu bilden.
Durch dein sternenförmig Wesen,
Gibst du mir, beliebte Blume,
Dem, der Sterne macht, zum Ruhme,
Ein' Erinnerung zu lesen,
Daß wir seiner nicht vergessen,
Sondern in den schönen Werken
Seine Gegenwart bemerken,
Seine weise Macht ermessen,
Um sie, wie in jenen Höhen,
So auf Erden auch zu sehen.

Hyazinthen

Fern hallt Musik; doch hier ist stille Nacht,
Mit Schlummerduft anhauchen mich die Pflanzen,
Ich habe immer, immer dein gedacht;
Ich möchte schlafen; aber du mußt tanzen.

Es hört nicht auf, es rast ohn Unterlaß;
Die Kerzen brennen, und die Geigen schreien,
Es teilen und es schließen sich die Reihen,
Und alle glühen, aber du bist blaß.

Und du mußt tanzen; fremde Arme schmiegen
Sich an dein Herz; o leide nicht Gewalt!
Ich seh dein weißes Kleid vorüberfliegen
Und deine leichte, zärtliche Gestalt. –

Und süßer strömend quillt der Duft der Nacht
Und träumerischer aus dem Kelch der Pflanzen.
Ich habe immer, immer dein gedacht;
Und möchte schlafen, aber du mußt tanzen.

JOHANN RIST

Frühlings-Gedicht

Daphnis wünschet /
Daß seine Galathee möcht eine Blume werden

1.

Daphnis wolte Blumen brechen
　Als der Mertz den Frühling bracht /
Ach (sagt Er) wer kan außsprechen
　Meiner bittern Liebe Macht /
Liebe die mich hat betrogen /
Daß ich bin ümbher gezogen
　Durch die Wiesen Tag und Nacht.

2.

Diß sind ja die ersten Früchte
　Von den Blumen dieser Zeit /
Da der Vogel Kling-Gedichte
　Menschen / Vieh' und Feld erfreut
Diß sind zwar die erste Gaben
Die wir von den Wiesen haben
　Durch deß Himmels Gütigkeit.

3.

Aber / wenn werd ich erlangen
　O mein Blümlein Galathe /
Dich wie andre zu ümbfangen
　Die ich jetzt für Augen seh' /

Ach wenn werd ich doch berüren
Dich die du mich pflegst zu führen
Durch den Regen / Reiff und Schnee?

4.

Diese Blümlein darff ich tragen
Mit mir heim in mein Gezelt /
Aber dich mein Lieb zu fragen
Ob dier auch ein Kuß gefeit
Darff ich kaum mich unterstehen
Weil ich nie ein Bild gesehen
Das dir gleichet in der Welt.

5.

Dieses Blümlein zu gewinnen
Kostet weder Macht noch List /
Aber Ach! daß du von Sinnen
So gantz hart und steinern bist /
Keine weiß ich dier zugleichen /
Weil dich niemand kan erweichen
Wenn er noch so redlich ist.

6.

Könt' ich deine zarten Glieder
Stets verwandeln wenn ich wolt'
Und dich denn verkehren wieder /
Fragt ich nichts nach Geld und Gold /
Nun wolt ich für alle Sachen
Solch ein Blümlein aus dir machen
Das mich stets erfreuen solt.

7.

O wie wolt ich dich bewahren
    Jn den Garten meiner Treu /
Ey denn soltestu erfahren /
    Schönste Blum was lieben sey /
Denn so wolt' ich dich mit Freuden
Küssen auff mein schweres Leiden
    Tag und Nacht ohn alle scheu.

8.

Brich die Sinnen Galathee /
    Zwinge doch den harten Muht
Gönne Daphnis daß er sehe
    Dich sein allerhöchstes Guth /
Sey den Lilien gleich von Hertzen
Die nicht stets mit Stachlen schertzen
    Wie die falsche Rose thut.

9.

Ach bedencke doch die Thränen
    Die dein Schiffer manchesmahl
Wenn er sich nach dir muß sehnen
    Fliessen lest ohn alle Zahl /
Ach bedencke doch / das lieben
Sonder nützen sey betrüben
    Ja der allergrösste Quaal.

10.

Alles zwar was Menschen sehen
    Hie auff Erden weit und breit /
Galathee muß vergehen

Phoebus selbst hat seine Zeit /
Ja was in der Welt zu finden
Muß zu letzt doch gahr verschwinden.
Lieben bleibt in Ewigkeit.

Heidenröslein

Sah ein Knab' ein Röslein stehn,
Röslein auf der Heiden,
War so jung und morgenschön,
Lief er schnell, es nah zu sehn,
Sah's mit vielen Freuden.
Röslein, Röslein, Röslein rot,
Röslein auf der Heiden.

Knabe sprach: Ich breche dich,
Röslein auf der Heiden!
Röslein sprach: Ich steche dich,
Daß du ewig denkst an mich,
Und ich will's nicht leiden.
Röslein, Röslein, Röslein rot,
Röslein auf der Heiden.

Und der wilde Knabe brach
's Röslein auf der Heiden;
Röslein wehrte sich und stach,
Half ihr doch kein Weh und Ach,
Mußt' es eben leiden.
Röslein, Röslein, Röslein rot,
Röslein auf der Heiden.

Der Frühling, ein Gedicht

Empfang mich, schattigter Hayn, voll hoher grüner Gewölbe!
Empfang mich! fülle mit Ruh und holder Wehmuth die Seele!
Führ mich in Gängen voll Nacht zum glänzenden Throne der Tugend,
Der um sich die Schatten erhellt. Lehr mich den Wiederhall reizen
Zum Ruhm verjüngter Natur. Und ihr, ihr lachenden Wiesen!
Ihr holde Thäler voll Rosen, von lauten Bächen durchirret!
Mit euren Düften will ich in mich Zufriedenheit ziehen,
Und wenn Aurora euch weckt, mit ihren Stralen sie trincken.
Gestreckt im Schatten will ich in güldne Sayten die Freude,
Die in euch wohnet, besingen. Reitzt und begeistert die Sinnen,
Daß meine Töne die Gegend, wie Zephyrs Lispeln, erfüllen,
Und wie die rieselnden Bäche.

Auf rosenfarbnen Gewölcke, bekräntzt mit Tulpen und Veilchen,
Sank jüngst der Frühling vom Himmel. Aus seinem Busen ergoß sich
Die Milch der Erden in Strömen. Schnell rollte von Hügeln und Bergen,
Der Schnee in Haufen herab, und Felder wurden zu Seen, – – – – –
Allmählich verseigte die Fluth. Von eilenden Dünsten und Wolcken
Flohn junge Schatten umher. Es schien der Himmel erweitert,
Und war voll Schimmer und Strahlen. Zwar streute der weichende Winter
Noch oft bey nächtlicher Umkehr von den geschüttelten Flügeln

Reif, Eis und Schauer von Schnee; noch liessen wüthrische Stürme
Die rauhe dumpfigte Stimm aus Islands Gegend ertönen,
Durchstreiften klagende Klüfte, verheerten taumelnde Wälder,
Und bliesen Schrecken und Furcht herum, Verderben und Kälte.
Doch endlich siegte der vor noch ungesicherte Frühling.
Die Luft ward sanfter; es deckt' ein bunter Teppich die Felder,
Die Schatten wurden belaubt, ein sanft Getöne erwachte,
Und floh und wirbelt umher im Hain voll grünlicher Dämmrung,
Die Bäche färbten sich silbern, im Luftraum flossen Gerüche,
Und Echo höret' im Grunde die frühe Flöte des Hirten.
Ihr, deren zweifelhaft Leben gleich trüben Tagen des Winters,
Ohn Licht und Freude verfließt, die ihr in Höhlen des Elends
Die finstern Stunden verseufzt, betrachtet die Jugend des Jahres!
Dreht ietzt die Augen umher, laßt tausend farbigte Scenen
Die schwarzen Bilder verfärben! Es mag die niedrige Ruhmsucht,
Die schwache Rachgier, der Geitz und seufzender Blutdurst sich härmen;
Ihr seyd zur Freude geschaffen, der Schmerz schimpft Tugend und Unschuld.
Saugt Lust und Anmuth in euch! schaut her, sie gleitet im Luftkreis
Und grünt und rieselt im Thal. Und ihr, ihr Bilder des Frühlings,
Ihr blühenden Schönen! flieht ietzt den athemraubenden Aushauch
Von güldnen Kerkern der Städte. Kommt, Kommt in winkende Felder!
Kommt! überlasset dem Zephyr die kleinen Wellen der Locken,
Seht euch in Seen und Bächen, gleich jungen Blumen des Ufers.
Pflückt Morgentulpen voll Thau, und ziert den wallenden Busen.
Hier wo der spitzige Fels, bekleidet mit Sträuchen und Tannen
Zur Hälfte den bläulichen Strom, sich drüber neigend beschattet,

Will ich ins Grüne mich setzen auf seinen Gipfel, und um mich
Thal und Gefilde beschauen. O welch ein frohes Gewühle
Belebt das streifichte Land! Wie lieblich lächelt die Anmuth
Aus Wald und Büschen hervor! Ein Zaun von blühenden Dornen
Umschließt und röthet ringsum die sich verlierende Weite
Vom niedrigen Himmel gedrückt. Von bunten Moonblumen laufen,
Mit grünem Weitzen versetzt, sich schmälernde Beete ins Ferne,
Durchkreutzt von blühendem Flachs. Feld-Rosenhecken und Schleestrauch
In Blüthen gleichsam gehüllt, umkränzen die Spiegel der Teiche
Und sehn sich drinnen. Zur Seite blitzt aus dem grünlichen Meere
Ein Meer voll güldener Stralen, durch Phöbus glänzenden Anblick.
Es schimmert sein gelbes Gestade von Muscheln und farbichten Steinen,
Und Lieb und Freude durchtaumelt in kleiner Fische Geschwadern,
Und in den Riesen des Wassers die unabsehbare Fläche.
Auf fernen Wiesen am See stehn majestätische Rosse,
Sie werfen den Nacken empor und fliehn und wiehern für Wollust,
Daß Hayn und Felsen erschallt. Gefleckte Kühe durchwaten,
Geführt vom ernsthaften Stier, des Meierhofs büschichte Sümpfe,
Der finstre Linden durchsieht. Ein Gang von Espen und Ulmen
Führt zu ihm, welchen ein Bach durchblinkt, in Binsen sich windend,
Von Reihern und Schwänen bewohnt. Gebirge, die Brüste der Reben
Stehn frölich um ihn herum; sie ragen über den Buchwald,
Des Hügels Krone, davon ein Theil im Sonnenschein lächelt
Und glänzt, der andere traurt im Flor vom Schatten der Wolken.

Die Lerche steigt in die Luft, sieht unter sich Klippen und Thäler;
Entzückung tönet aus ihr. Der Klang des wirbelnden Liedes
Ergetzt den ackernden Landmann. Er horcht eine Weile: dann lehnt er
Sich auf den gleitenden Pflug, zieht braune Wellen ins Erdreich,
Verfolgt von Krähen und Elstern. Der Saemann schreitet gemessen,
Und wirft den Saamen ihm nach. O daß der mühsame Landwirth
Für sich den Segen nur streute! Daß ihn die Weinstöcke tränkten
Und in den Wiesen für ihn nur bunte Wogen sich wälzten!
Allein, der frässige Krieg vom Zähne bleckenden Hunger
Und wilden Schaaren begleitet, verheert oft Arbeit und Hofnung.
Er stürmet rasend einher, zertritt die nährenden Halmen,
Reißt Stab und Reben zu Boden, entzündet Dörfer und Wälder
Für sich zum flammenden Lustspiel. Wie wenn der Rachen des Ätna
Mit ängstlich-wildem Geschrey, daß Meer und Klippen es hören,
Die Gegend um sich herum, vom untern Donner zerrüttet,
Mit Schrecken und Tod überspeyt, und einer flammenden Sündfluth.

Ihr, denen zwanglose Völker das Steuer der Herrschaft vertrauen,
Führt ihr durch Flammen und Blut sie zur Glückseligkeit Hafen?
Was wünscht ihr Väter der Menschen noch mehrere Kinder? Ists wenig
Viel Millionen beglücken? Erforderts wenige Mühe?
O mehrt derjenigen Heil, die eure Fittiche suchen,
Deckt sie gleich brütenden Adlern; verwandelt die Schwerdter in Sicheln,

Laßt güldne Wogen im Meer, fürs Land, durch Schiffahrt sich thürmen,
Erhebt die Weisheit im Kittel, und trocknet die Zähren der Tugend.

Wohin verführt mich der Schmerz! Weicht, weicht ihr traurigen Bilder,
Komm Muse! laß uns die Wohnung und häusliche Wirthschaft des Landmanns
Und Viehzucht und Gärte betrachten. Hier steigt kein Marmor aus Bergen,
Und zeuget Kämpfer, kein Taxus spitzt sich vor Schlössern, kein Wasser
Folgt hier dem Zuruf der Kunst. Verschränckte wölkichte Wipfel
Von hohen Linden, beschatten ein Haus von Reben umkrochen,
Durch Dorn und Hecken befestigt. Ein Teich glänzt mitten im Hofe
Mit grünem Floßkraut bestreut, wodurch aus scheinbarer Tiefe
Des Himmels Ebenbild blinkt. Er wimmelt von zahmen Bewohnern.
Die Henne jammert ums Ufer, und ruft die gleitenden Entchen,
Die sie gebrütet; sie fliehn der Stiefmutter Stimme, durchplätschern
Die Fluth, und nagen am Schilf. Voll majestätischen Ernstes
Schwimmt hier der Schwan, und treibet fern von der Lustbahn der Jungen
Mit starken Flügeln den Schießhund. Nun spielen die haarigten Kinder
Sie tauchen den Kopf ins Wasser, sie hängen im Gleichgewicht abwerts
Und zeigen die rudernde Füsse. Dort läuft ein munteres Mädchen
Sein buntes Körbchen am Arm, verfolgt von weitschreitenden Hünern.

Nun steht es, und täuscht sie leichtfertig mit eitelem Wurfe; begießt sie
Nun plötzlich mit Körnern und sieht sie vom Rücken sich essen und zanken.
Dort lauscht in dunkeler Höhle das weisse Kaninchen, und drehet
Die rothen Augen umher. Aus seines Wohnhauses Fenster
Sieht das Lachtäubchen sich um, es kratzt den röthlichen Nacken,
Und fliegt zum Liebling aufs Dach. Er zürnt ob dessen Verweilen
Und dreht sich um sich und schilt. Bald rührt ihn das Schmeicheln der Schönen,
Viel Küsse werden verschwendet, bis sie mit schnellem Gefieder
Die Luft durchlispeln, und aufwärts sich zu Gespielen gesellen,
Die blitzend im Sonnenglanz schwärmen. Von blühenden Fruchtbäumen schimmert
Der Garten, die kreutzende Gänge mit rother Dunkelheit füllen,
Und Zephyr gaukelt umher, treibt Wolken von Blüthen zur Höhe,
Die sich ergiessen und regnen. Zwar hat hier Wollust und Hochmuth
Nicht Nahrung von Mohren entlehnt und sie gepflanzet; nicht Myrthen,
Nicht Aloen blicken durch Fenster. Das nutzbare Schöne vergnüget
Den Landmann, und etwan ein Kranz. Durch lange Gewölbe von Nußstrauch
Zeigt sich voll laufender Wolken der Himmel, und ferne Gefilde
Voll Seen, und büschichter Thäler, umringt mit blauen Gebirgen.
Das Auge durchirret den Auftritt, bis ihn ein näherer schliesset.
Die Fürstinn der Blumen, die Tulp' erhebt die Krone zur Seiten
Hoch über Aurikeln, dran Flora all' ihre Farben verschwendet.
Die holde Mayblume drengt die Silberglöckchen durch Blätter,

Und manche Rose durchbricht schon ungeduldig die Knospe.
Es steigen holde Gerüche, vermischt vom Garten zur Höhe,
Und füllen mit Balsam die Luft. Die Nachtviole läßt immer
Die stolzeren Blumen den Duft verhauchen; voll Edelmuth schließt sie
Ihn ein, im Vorsatz den Abend noch über den Tag zu verschönern.
Ein Bildniß grosser Gemüther, die nicht gleich pralrischen Kämpfern
Der Kreis von Zuschauern reitzt, die tugendhaft wegen der Tugend
In der Verborgenheit Schatten Gerüche der Wohlthaten streuen.
Seht hin, wie brüstet der Pfau sich dort am farbichten Beete!
Voll Eifersucht über die Kleidung der frölichen Blumen stolzirt er,
Kreist rauschend den grünlichen Schweif voll Regenbögen, und wendet
Den farbenwechselnden Hals. Die Schmetterlinge sich jagend,
Umwälzen sich über den Bäumen mit bunten Flügeln, voll Liebe,
Und unentschlossen im Wählen beschauen sie Knospen und Blüthe.
Indessen impfet der Herr des Gartens Zweige von Kirschen
Durchsägten Schleestämmen ein, die künftig über die Kinder
Die sie gesäuget, erstaunen. Das Bild der Anmuth, die Hausfrau
Sitzt in der Laube von Reben, pflanzt Stauden und Blumen auf Leinwand,
Die Freude lächelt aus ihr; ein Kind, der Gratien Liebling
Hängt ihr mit zarten Armen am Hals, und hindert sie schmeichelnd,
Ein anders tändelt im Klee, sinnt nach, und stammelt Gedanken.
O dreymahl seliges Volk, dem einsam in Gründen die Tage
Wie sanfte Weste verfliegen! Laß andre dem Pöbel, der Dächer
Und Bäum' ersteiget, zur Schau in Siegeswägen sich brüsten,
Von Elephanten gezogen; laß sie mit Heeren von Schiffen

Untreue Wellen bedecken, und Japan in Westen versetzen.
Der ist ein Liebling des Himmels, den fern von Lastern und Thorheit,
Die Ruh an Quellen umschlingt. Auf ihn blickt immer die Sonne
Von oben lieblich herab, ihm braust kein Unglück in Wogen,
Er seufzt nicht eitele Wünsche, ihn macht die Höhe nicht schwindelnd,
Die Arbeit würzt ihm die Kost, sein Blut ist leicht wie der Äther,
Sein Schlaf verfliegt mit der Dämmerung, ein Morgenlüftchen verweht ihn.

Ach wär auch mir es vergönnt, in euch, ihr holden Gefilde,
Gestreckt in wankende Schatten, am Ufer schwatzhafter Bäche
Hinfort mir selber zu leben, und Leid und niedrige Sorgen
Vorüberrauschender Luft einst zuzustreuen! Ach möchte
Doch Doris die Thränen in euch von diesen Wangen verwischen,
Und bald Gespräche mit Freunden in euch mein Leiden versüssen,
Bald redende Todte mich lehren, bald tiefe Bäche der Weisheit
Des Geistes Wissendurst stillen! Dann gönnt ich Berge von Demant
Und goldne Klüfte dem Mogul, dann möchten kriegrische Zwerge
Felshohe Bilder sich hauen, die steinerne Ströme vergössen,
Ich würde sie nimmer beneiden. Du Quelle des Glückes o Himmel
Du Meer der Liebe! o tränkte mich doch dein Ausfluß! soll gänzlich
Wie eine Blume mein Leben, erstickt von Unkraut, verblühen?
Nein, du beseligst dein Werk. Es lispelt ruhige Hofnung
Mir Trost und Labsal zum Herzen; die Dämmrung flieht vor Auroren,
Die finstre Decke der Zukunft wird aufgezogen, ich sehe
Ganz andre Scenen der Dinge, und unbekannte Gefilde.

Ich seh dich, himmlische Doris! du kommst aus Rosengebüschen
In meine Schatten, voll Glanz und majestätischem Liebreitz;
So tritt die Tugend einher, so ist die Anmuth gestaltet.
Du singst zur Cither, und Phöbus tritt schnell durch dicke Gewölke,
Die Stürme schweigen, Olymp merkt auf; das Bildniß der Lieder
Tönt sanft in fernen Gebirgen, und Zephyr weht mirs herüber.
Und du mein redlicher Gleim, du steigst vom Gipfel des Hömus
Und rührst die Tejischen Seyten voll Lust. Die Thore des Himmels
Gehn auf, es lassen sich Cypris und Huldgöttinnen und Amor
Voll Glanz auf funkelnden Wolken in blauen Lüften hernieder,
Und singen lieblich darein. Der Sternen weites Gewölbe
Erschallt vom frohen Concert. Komm bald in meine Reviere,
Komm, bring die Freude zu mir, beblüme Triften und Anger,
O Paar! du Trost meines Lebens, du milde Gabe der Gottheit!
Doch wie, erwach ich vom Schlaf? Wo sind die himmlischen Bilder?
Welch ein anmuthiger Traum betrog die wachenden Sinnen?
Er flieht von dannen, ich seufze. Zu viel, zu viel vom Verhängniß
Im Durchgang des Lebens gefodert! Hier ist statt Wirklichkeit Hofnung
Des würklichen Schatten beglückt, selbst wird michs nimmer erfreuen.

Allein, was quält mich die Zukunft; weg ihr vergeblichen Sorgen,
Laß mich der Wollust geniessen, die ietzt der Himmel mir gönnet,
Laß mich das fröliche Landvolk in dicke Haine verfolgen
Und mit der Nachtigall singen, und mich beym seufzenden Gießbach
An Zephyrs Tönen ergötzen. Ihr dichten Lauben, von Händen
Der Mutter der Dinge, geflochten! ihr dunkeln einsamen Gänge,

Die ihr das Denken erhellt, Irrgärte voller Entzückung
Und Freude, seyd mir gegrüßt! Was für ein angenehm Leiden
Und Ruh und sanftes Gefühl durchdringet in euch die Seele!
Durchs hohe Laubdach der Schatten, das streichende Lüfte bewegen,
Worunter ein sichtbares Kühl in grünen Wogen sich wälzet,
Blickt hin und wieder die Sonne, und übergüldet die Blätter.
Die holde Dämmrung durchgleiten Gerüche von Blüthen der Hecken,
Die Flügel der Westwinde duften. In überirdischer Höhle
Von krausen Büschen gezeugt, sitzt zwischen Blumen der Geishirt,
Bläst auf der hellen Schallmey, hält ein, und höret die Lieder
Hier laut in Buchen ertönen, dort schwach, und endlich verloren,
Bläst, und hält wiederum ein. Tief unter ihm klettern die Ziegen
An jähen Wänden von Stein, und reissen an bittern Gesträuche.
Mit leichten Läuften streift ietzt ein Heer gefleckter Hindinnen,
Und Hirsche mit Ästen gekrönt durch grüne rauschende Stauden,
Setzt über Klüfte, Gewässer und Rohr. Moräste vermissen
Die Spur der fliegenden Last. Gereizt vom Frühling zur Liebe
Durchstreichen muthige Rosse den Wald mit flatternden Mähnen,
Der Boden zittert und tönt, es strotzen die Zweige der Adern,
Ihr Schweif empört sich verwildert, sie schnauben Wollust und Hitze
Und brechen, vom Ufer sich stürzend, die Fluth der Ströme zur Kühlung;
Dann fliehen sie über das Thal auf hohe Felsen, und schauen
Fern über den niedrigen Hain aufs Feld durch segelnde Dünste
Und wiehern aus Wolken herab. Ietzt eilen Stiere vorüber,
Aus ihrer Nasen raucht Brunst, sie spalten mit Hörnern das Erdreich
Und toben im Nebel von Staub – – – –

Aus ausgehöhltem Gebirge fällt dort mit wildem Getümmel
Ein Fluß ins büschigte Thal, reißt mit sich Stücke von Felsen,
Durchrauscht entblössete Wurzeln der untergrabenen Bäume,
Die über fliessende Hügel von Schaum sich bücken und
wanken;
Die grünen Grotten des Waldes ertönen und klagen darüber.
Es stutzt ob solchem Getöse das Wild, und eilet von dannen.
Sich nahende Vögel verlassen, im Singen gehindert, die Gegend
Und suchen ruhige Stellen, wo sie den Gatten die Fühlung
Verliebter Schmerzen entdecken in pyramidnem Gesträuche,
Und streiten gegen einander mit Liedern von Zweigen der
Buchen.
Dort will ich lauschen und sie sich freun und liebkosen hören.
Fließ sanft unruhiges Flüßchen! still! ächzende Zephyrs im
Laube,
Schwächt nicht ihr buhirisches Flüstern. Schlagt laut, Bewohner
der Wipfel,
Schlagt, lehrt mich euren Gesang! Sie schlagen; Symphonische
Töne
Durchfliehn von Eichen und Dorn des weiten Schattensaals
Kammern,
Die ganze Gegend wird Schall. Der Fink, der röthliche Hänfling
Pfeift hell aus Wipfeln der Erlen. Ein Heer von bunten
Stieglitzen
Hüpft hin und wieder auf Strauch, beschaut die blühende Distel,
Ihr Lied hüpft frölich wie sie. Der Zeisig klaget der Schönen
Sein Leiden aus Zellen von Laub. Vom Ulmbaum flötet die
Amsel
In hohlen Tönen den Baß. Nur die geflügelte Stimme,
Die kleine Nachtigall weicht aus Ruhmsucht in einsame Gründe
Durch dicke Wipfel umwölbt, der Traurigkeit ewige Wohnung,
(Worinn aus Lüften und Feld der Nacht verbreitete Schatten
Sich scheinen verenget zu haben, als sie Auroren entwichen,)
Und macht die schreckbare Wüste zum Lustgefilde des Waldes.
Dort tränkt ein finsterer Teich rings um sich Weidengebüsche,

Auf Ästen wiegt sie sich da, lockt laut, und schmettert und wirbelt,
Daß Grund und Einöde klingt. So rasen Chöre von Sayten.
Ietzt girrt sie sänfter, und läuft durch tausend zärtliche Töne,
Ietzt schlägt sie wieder mit Macht. Oft wenn die Gattin durch Vorwitz
Sich im belaubten Gebauer des grausamen Voglers gefangen,
Der fern im Lindenbusch laurt, dann ruhn die Lieder voll Freude,
Dann fliegt sie ängstlich umher, ruft ihrer Wonne des Lebens
Durch Klüfte, Felsen und Wald, seufzt unaufhörlich und jammert,
Bis sie vor Wehmuth zuletzt halbtodt zur Hecken herabfällt,
Worauf sie gleitet und wankt mit niedersinkendem Haupte.
Da klaget um sie der Schatten der todten Gattin, da dünkt ihr
Sie wund und blutig zu sehn. Bald tönt ihr Jammerlied wieder,
Sie setzt es Nächte lang fort, und scheint bey jeglichem Seufzer
Aus sich ihr Leben zu seufzen. Die nahen strauchichten Hügel,
Hiedurch zum Mitleid bewogen, erheben ein zärtlich Gewinsel.

Allein, was kollert und girrt mir hier zur Seiten vom Eichstamm,
Der halb vermodert und zweiglos von keinem Geflügel bewohnt wird?
Täuscht mich der Einbildung Spiel? Sieh! plötzlich flattert ein Täubchen
Aus einem Astloch empor, mit wandelbarem Gefieder,
Dieß zeugte den dumpfigten Schall im Bauch der Eichen. Es gleitet
Mit ausgespreiteten Flügeln ins Thal, sucht nickend im Schatten
Und schaut sich vorsichtig um mit dürren Reisern im Munde.
Wer lehrt die Bürger der Zweige voll Kunst sich Nester zu wölben,
Und sie für Vorwitz und Raub, voll süssen Kummers, zu sichern?

Welch ein verborgener Hauch füllt ihre Herzen mit Liebe?
Durch dich ist alles, was gut ist, unendlich wunderbar Wesen,
Beherrscher und Vater der Welt! Du bist so herrlich im Vogel,
Der niedrig in Dornstauden hüpft, als in der Veste des Himmels,
In einer kriechenden Raupe, wie in dem flammenden Cherub.
See sonder Ufer und Grund! Aus dir quillt alles, du selber
Hast keinen Zufluß in dich. Die Feuermeere der Sterne
Sind Wiederscheine von Pünktchen des Lichts, in welchem du leuchtest.
Du drohst den Stürmen, sie schweigen, berührst die Berge, sie rauchen;
Das Heulen aufrührischer Meere, die zwischen wässernen Felsen
Den Sand des Grundes entblössen, ist deiner Herrlichkeit Loblied.
Der Donner, mit Flammen beflügelt verkündigt mit brüllender Stimme
Die hohen Thaten von dir. Vor Ehrfurcht zittern die Haine
Und wiederhallen dein Lob. In tausend harmonischen Tönen
Von dem Verstande gehört, verbreiten Heere Gestirne
Die Grösse deiner Gewalt und Huld von Pole zu Pole.
Doch wer berechnet die Menge von deinen Wundern? Wer schwingt sich
Durch deine Tiefe, o Schöpfer? Vertraut euch Flügeln der Winde,
Ruht auf den Pfeilen des Blitzes, durchstreicht den glänzenden Abgrund
Der Gottheit, ihr endlichen Geister, durch tausend Alter des Weltbaus,
Ihr werdet dennoch zuletzt kein Pünktchen näher dem Grunde
Als bey dem Ausfluge seyn. Verstummt denn, bebende Sayten!
So preist ihr würdger den HERRN.
Ein Fluß von lieblichem Duft, den Zephyr mit säuselnden Schwingen
Von nahgelegener Wiese herbeyweht, nöthigt mich zu ihr.

Da will ich an schwirrendem Rohr in ihrer Blumenschooß
ruhend,
Mit starken Zügen ihn einziehn. Kommt zu mir Freunde der
Weißheit,
Mein Spalding und Hirzel, durch die jüngsthin der Winter mir
grünte,
Von deren Lippen die Freude zu meinem Busen herabströmt,
Kommt! legt euch zu mir, und macht die Gegend zur himm-
lischen Wohnung,
Laßt uns der Kinder der Flora Gestalt und Liebe bewundern,
Und spotten mit ihnen geschmückt des trägen Pöbels im Purpur,
Besingt die Schönheit der Tugend; laßt eures Mundes Gespräche
Mir seyn wie Düfte von Rosen. Hier ist der Gratien Lustplatz,
Kunstlose Gärte durchirrt hier die Ruh, hier rieselt Entzückung
Mit hellen Bächen heran. Den grünen Kleeboden schmücken
Zerstreute Wälder von Blumen. Ein Meer von holden Gerüchen
Wallt unsichtbar über der Flur in grossen taumelnden Wogen
Von lauen Winden durchwühlt. Es ist durch tausend Bewohner
Die bunte Gegend belebt. Hochbeinigt watet im Wasser
Dort zwischen Kräutern der Storch, und blickt begierig nach
Nahrung,
Dort gaukelt der Kybitz und schreyt ums Haupt des müssigen
Knaben,
Der seinem Neste sich naht. Ietzt trabt er vor ihm zum Ufer,
Als hätt' er das Fliegen vergessen, reitzt ihn durch Hinken zur
Folge
Und lockt ihn endlich ins Feld. Zerstreute Heere von Bienen
Durchsäuseln die Lüfte, sie fallen auf Klee und blühende Stauden,
Und hängen glänzend daran wie Thau vom Mondschein
vergüldet;
Dann eilen sie wieder zur Stadt, die ihnen im Winkel des Angers
Der Landmann aus Körben erbaut. Rechtschafner Weltweisen
Bildniß,
Die sich der Heimath entziehn, der Menschheit Gefilde
durchsuchen,

Und dann heimkehren zur Zelle mit süsser Beute beladen
Und liefern uns Honig der Weisheit. Ein See voll fliehender Wellen
Rauscht in der Mitte der Au, draus steigt ein Eyland zur Höhe
Mit Bäumen und Hecken gekrönt, das wie vom Boden entrissen,
Scheint gegen die Fluthen zu schwimmen. In einer holden Verwirrung
Prangt drauf Hanbuttengesträuch voll feuriger Sternchen, der Quitzbaum,
Hollunder, raucher Wachholder, und sich umarmende Palmen.
Das Geisblatt schmiegt sich am Zweige der wilden Rosengebüsche.
Aus Wollust küssen einander die jungen Blüthen und hauchen
Mit süssem Athem sich an. Der blühende Hagdorn am Ufer
Bückt sich hinüber aus Stolz, und sieht verwundernd im Wasser
Den weissen und röthlichen Schmuck. O Schauplatz, der du die Freude
Ins Herzens Innerstes mahlst, ach! daß die Wärme, die annoch,
Seitdem der Winter von uns entflohn, kein Regen gemildert,
Dich sammt Gefilden und Gärten, die nach Erfrischung sich sehnen,
Doch nicht der Zierde beraubte und seiner Hofnung den Landmann!
Erquick sie gnädiger Himmel, und überschütte von Oben
Mit deiner Güte die Erde. – – – Er kommt! er kommt! in den Wolken
Der Segen, dort taumelt er her, und wird sich in Strömen ergiessen.
Schon streicht der Westwind voran, schwärmt in den Blättern der Bäume
Und wirbelt die Saaten, wie Strudel. Die Sonn eilt hinter den Vorhang
Von Baumwollähnlichem Dunst; es stirbt der Schimmer des Himmels

Gemach, und Schatten und Nacht läuft über Thäler und Hügel.
Gekraust durch silberne Zirkel die sich vergrössernd
verschwinden,
Verräth die Fläche des Wassers den noch nicht sichtbaren
Regen. – – – –
Ietzt fällt er häufiger nieder sich wie Gewebe durchkreuzend,
Kaum schützt des Erlenbaums Zelt mich vor den rauschenden
Güssen.
Das Volk, das kürzlich aus Wolken die Gegend mit Liedern
erfülltc,
Schweigt und verbirgt sich in Büsche. Im Lindenthal drängt sich
in Kreisen
Vom Dach der Zweige bedeckt die Wollenheerde um Stämme,
Feld, Luft und Höhen sind öde; nur Schwalben schiessen in
Schaaren
Im Regen, die Teiche beschauend. – – – – Die Augenlieder die
jetzo
Das Auge des Weltkreises decken, die Dünst' erheben sich
plötzlich,
Nun funkelt die Bühne des Himmels, nun sieht man hangende
Meere
In hellen Tropfen zerrinnen und aus den Lüften verschwinden,
Es lachen die Gründe voll Blumen, und alles freut sich, ob flösse
Der Himmel selber zur Erden. Jedoch schon schiffen von neuem
Beladne Wolken vom Abend und hemmen wieder das Licht,
Sie schütten Seen herab, und säugen die Felder wie Brüste. – – –

Auch die vergiessen sich endlich. Ein güldner Regen von Stralen
Füllt jetzo wieder die Luft; der grüne Hauptschmuck der Felsen,
Voll von den Saaten der Wolken, spielt blendend gegen der
Sonne,
Ein Regenbogen umgürtet den Himmel, und sieht sich im
Meere;
Verjüngt, voll Schimmer und lächelnd, voll lichter Streifen und
Kränze

Sehn die Gefilde mich an. Tauch in die Farben Aurorens,
Mal mir die Landschaft, o du! aus dessen ewigen Liedern
Der Aare Ufer mir duften und vor dem Angesicht prangen,
Der sich die Pfeiler des Himmels, die Alpen, die er besungen,
Zu Ehrensäulen gemacht. Wie blitzt die streifichte Wiese
Von demantähnlichen Tropfen! Wie lieblich regnen sie seitwärts
Von farbigten Blumengebüschen und blühenden Kronen der Sträuche!
Die Kräuter sind wieder erfrischt, und hauchen stärkre Gerüche,
Der ganze Himmel ist Duft. Getränkte Halmen erheben
Froh ihre Häupter, und scheinen die Huld des Himmels zu preisen.
Grünt nun ihr holden Gefilde! Ihr Wiesen und schattichte Wälder
Grünt, seyd die Freude des Volcks! Dient meiner Unschuld hinführo
Zum Schirm, wenn Bosheit und Stolz aus Schlössern und Städten mich treiben.
Mir wehe Zephyr aus euch durch Blumen und Hecken noch öfter
Ruh und Erquickung ins Herz. Laßt mich den Vater des Weltbaus,
(Der Seegen über euch breitet im Stralenkreise der Sonne,
Im Thau und Regen) noch ferner in eurer Schönheit verehren,
Und melden voll heiliger Regung sein Lob antwortenden Sternen.
Und wenn nach seinem Geheiß mein Ziel des Lebens herannaht,
Dann sey mir endlich in euch die lezte Ruhe verstattet.

Eilt euch, eil dich, die Bäume blühen!

Eilt euch, eil dich, die Bäume blühen!
Voll Liebesblicken die Bäume stehen;
Eh' du hingesehen, will's schon vergehen.

Komm zu den hellen verliebten Bäumen,
Die alle Wege jetzt hochzeitlich säumen!
Sollst dich ins Licht zu ihnen stellen,
Lächeln wird spielend sich zu dir gesellen,
Daß auch dir die Blicke verliebt aufglühen.
Eilt euch, eil dich, die Bäume blühen!

Der Kirschbaum

Der Kirschbaum blüht, ich sitze da im Stillen,
Die Blüte sinkt und mag die Lippen füllen,
Auch sinkt der Mond schon in der Erde Schoß
Und schien so munter, schien so rot und groß;
Die Sterne blinken zweifelhaft im Blauen
Und leidens nicht, sie weiter anzuschauen.

Kirschblüte bei der Nacht

Ich sah mit betrachtendem Gemüte
Jüngst einen Kirschbaum, welcher blühte,
In kühler Nacht beim Mondenschein;
Ich glaubt, es könne nichts von größrer Weiße sein.

Es schien, ob wär ein Schnee gefallen.
Ein jeder, auch der kleinste Ast
Trug gleichsam eine rechte Last
Von zierlich-weißen runden Ballen.
Es ist kein Schwan so weiß, da nämlich jedes Blatt,
Indem daselbst des Mondes sanftes Licht
Selbst durch die zarten Blätter bricht,
Sogar den Schatten weiß und sonder Schwärze hat.
Unmöglich, dacht ich, kann auf Erden
Was Weißers angetroffen werden

Indem ich nun bald hin, bald her
Im Schatten dieses Baumes gehe,
Sah ich von ungefähr
Durch alle Blumen in die Höhe
Und ward noch einen weißern Schein,
Der tausendmal so weiß, der tausendmal so klar,
Fast halb darob erstaunt, gewahr.
Der Blüte Schnee schien schwarz zu sein
Bei diesem weißen Glanz. Es fiel mir ins Gesicht
Von einem hellen Stern ein weißes Licht,
Das mir recht in die Seele strahlte.

Wie sehr ich mich am Irdischen ergetze,
Dacht ich, hat Er dennoch weit größre Schätze.
Die größte Schönheit dieser Erden
Kann mit der himmlischen doch nicht verglichen
werden.

Die Weidenkätzchen

Kätzchen, ihr, der Weide,
wie aus grauer Seide,
wie aus grauem Samt!
O ihr Silberkätzchen,
sagt mir doch, ihr Schätzchen,
sagt, woher ihr stammt.

»Wollen's gern dir sagen:
Wir sind ausgeschlagen
aus dem Weidenbaum;
haben winterüber
drin geschlafen, Lieber,
in tieftiefem Traum.«

In dem dürren Baume
in tieftiefem Traume
habt geschlafen ihr?
In dem Holz, dem harten,
war, ihr weichen, zarten,
euer Nachtquartier?

»Mußt dich recht besinnen:
Was da träumte drinnen,
waren wir noch nicht,
wie wir jetzt im Kleide
blühn von Samt und Seide
hell im Sonnenlicht.

Nur als wie Gedanken
lagen wir im schlanken
grauen Baumgeäst;
unsichtbare Geister,
die der Weltbaumeister
dort verweilen läßt.«

Kätzchen, ihr, der Weide,
wie aus grauer Seide,
wie aus grauem Samt!
O ihr Silberkätzchen,
ja, nun weiß, ihr Schätzchen,
ich, woher ihr stammt!

ELSE URY

Kornblumentag

Es war in der Zwischenpause vor der Geschichtsstunde. In der vierten Klasse der Potsdamer städtischen Mädchenschule herrschte große Aufregung. Ruhig pflegte es ja nie in einer Pause dort herzugehen, aber das heutige Durcheinanderwirbeln und Durcheinanderrufen war doch ausnahmsweise lebhaft.

In der nächsten Stunde sollte Geschichtsextemporale geschrieben werden – man denke! Nicht nur über ein bestimmtes Gebiet der vielen Jahrhunderte, nein, über alles, vom Trojanischen Krieg an bis zur Gegenwart! Und noch dazu bei Fräulein Goltz, der gestrengen Oberlehrerin. Da gab es kein Seitwärtsschielen zum Heft der Nachbarin, kein Flüstern und heimliches Beraten. Wehe derjenigen, die Fräulein Goltz etwa dabei ertappte, ihr Name prangte ganz gewiß im Klassenbuch unter der Tadelrubrik. – Darum also das geschäftige Hin und Her, jede wollte noch im letzten Augenblick geschwind die Weisheit, die noch fehlte, und das war nicht gerade wenig, erhaschen.

»Elfriede, in welchem Jahre war denn bloß der Beginn der Völkerwanderung?« – »Karl der Große regierte von 768 bis 814« – »war die Schlacht bei Sedan am 1. oder 2. September 1870?« – »Himmel, ich hab' ja keine Ahnung von Alexander dem Großen!« So flog das in nicht geringer Aufregung hinüber und herüber.

Hier hörten sich zwei gute Freundinnen gegenseitig noch ganz flink die nicht festsitzenden Zahlen ab, dort saß eine, beide Ohren mit den Zeigefingern verschließend, und lernte, daß ihr der Kopf rauchte.

Bim – bim – bim – bim – läutete die Glocke, die gefürchtete Stunde brach an. Mäuschenstill war es plötzlich in der vierten Klasse. Fräulein Goltz hatte ihre Schülerinnen gut gezogen. Da wagte kaum noch eine zu flüstern, trotzdem die Lehrerin noch nicht das Klassenzimmer betreten hatte.

Ein Ruck ging plötzlich durch die Schar. Sie hatten sich erhoben, Fräulein Goltz trat ein.

»Setzt euch!« Die Lehrerin schritt zum Katheder.

Jetzt kommt's – gleich wird das schreckliche Kommando: Extemporalehefte heraus! erschallen. Fünfzig Mädchenherzen klopften schneller in banger Erwartung. Aber das Schreckenswort blieb aus. Fräulein Goltz zog eine Liste hervor und fragte: »Habt ihr schon mal etwas von einem Blumentag gehört, Kinder?«

Fünfzig gepreßte Herzen atmeten auf. Hurra – Fräulein Goltz schien vergessen zu haben, daß auf heute Extemporale gelegt war. Aber Blumentag – die Mädchen sahen sich ratlos an, sie wußten nicht, in welchem Jahrhundert sie den zu suchen hatten.

Nur Käthe von Luck meldete sich. Sie hatte eine Großmama in Berlin, bei der sie oft zu Besuch weilte, und da hatte sie schon einmal einen Blumentag miterlebt.

»Na, Käthe?« Fräulein Goltz wandte sich ihr zu.

»Blumentag ist, wenn man – – –«

»Opodeldok ist, wenn man Kreuzschmerzen hat!« unterbrach sie die Lehrerin lächelnd.

Auch die Klasse lachte. Aber gedämpft, nicht so lebhaft, wie das wohl in andern Stunden der Fall war.

»Die Erklärung eines Wortes mit ›wenn man‹ ist nicht grammatikalisch richtig. Versuche dich anders auszudrücken, Käthe«, fuhr Fräulein Goltz fort.

»Blumentag ist ein Tag, an dem alle Leute auf der Straße dieselbe Blume im Knopfloch tragen.«

»Na ja, Käthe, aber zu welchem Zweck denn?«

Käthe stand ratlos da. Ach, hätte sie sich doch bloß nicht gemeldet; nun bekam sie am Ende noch eine schlechte Nummer in Fräulein Goltz' Notizbüchlein.

»Damit's hübsch aussieht!« stieß sie schließlich heraus, denn so leicht blieb die Käthe keine Antwort schuldig.

Jetzt lachte Fräulein, die gestrenge Lehrerin, selbst. »Das hübsche Aussehen ist ja nebenbei ganz nett, aber doch nicht der Hauptzweck der Veranstaltung. Ei, Elfriede, weißt du's?« Ein schüchterner Zeigefinger hatte sich auf der ersten Bank erhoben, doch schnell, als schäme er sich, war er wieder untergetaucht. Auf Fräulein Goltz' Wort aber schnellte die zu dem Zeigefinger gehörige Elfriede Hase blutübergossen empor.

»Ein Blumentag findet zu einem wohltätigen Zwecke statt«, sagte sie leise.

»Richtig, Elfriede. Eine bestimmte Blume wird überall in den Straßen der Stadt an die Vorübergehenden für zehn Pfennig von jungen Mädchen und auch Kindern verkauft. Das Geld wird dann zu einem guten Zweck verwendet. Nun soll in der nächsten Woche hier in Potsdam ein Kornblumentag zum Besten der Ferienkolonien für arme, erholungsbedürftige Kinder stattfinden, und da ergeht soeben vom Vorstand die Anfrage an unsere Schule, ob sich Schülerinnen bei dem Verkauf beteiligen wollen. Ich möchte nun mal hören, wer von euch hier in der vierten Klasse Lust dazu hat.«

Neunundvierzig Zeigefinger durchbohrten die Luft.

»Ich – ach, bitte; ich – nein, ich!« Auf den letzten Bänken erhob man sich sogar, um dem Finger mehr Nachdruck zu verleihen.

Nur ein Zeigefinger war unten geblieben, das war der von Elfriede Hase. An fremde Menschen auf der Straße herangehen und ihnen Blumen anbieten, das brachte sie in ihrer Schüchternheit nicht fertig. Nicht umsonst hieß sie Hase, sie war auch ein richtiges furchtsames Häslein.

»Ruhe – setzen!« Fräulein Goltz' Stimme machte dem Tumult schnell ein Ende.

»Da ihr alle Lust habt, aus jeder Klasse aber nur zehn Schülerinnen gewählt werden sollen, so mag sich die ganze erste Bank beteiligen, falls die Eltern damit einverstanden sind. Ich habe deshalb die zehn ersten gewählt, weil ich von denen selbstverständlich annehme, daß sie sich in seiner Weise durch das Bevorstehende in ihren Schulpflichten und vor allem in ihrer Aufmerksamkeit während der Stunden stören lassen werden. Sehe ich dennoch, daß eine mit ihren Gedanken mehr bei dem Kornblumentag ist als beim Unterricht, so tritt eine andere dafür ein.«

Elfriede, das Häschen, das zum erstenmal bereute, eine fleißige Schülerin zu sein und auf der ersten Bank zu sitzen, sah plötzlich ein rosenrotes Hoffnungswölkchen am Zukunftshimmel emporsteigen. Das war ein Ausweg. Wenn sie wegen Unaufmerksamkeit getadelt wurde, mußte eine andere für sie einspringen. Denn selbst darum zu bitten, zurückstehen zu dürfen, das wagte die schüchterne Elfriede nicht.

»Am nächsten Mittwoch um neun Uhr haben sich die zehn ersten bei gutem Wetter – bei schlechtem wird der Blumentag verschoben – in hellen Kleidern in der Schule einzufinden. Körbe mit Kornblumen nebst Sammelbüchsen erhaltet ihr hier. Auch wird jeder die Straße mitgeteilt, in der sie zu verkaufen hat«, bemerkte Fräulein Goltz noch.

Die Mädchengesichter schauten nicht mehr ganz so begeistert drein. Ach, jede für sich – sie hatten geglaubt, daß sie alle zusammen verkaufen würden, das war doch eigentlich das Lustigste dabei. Aber schließlich würde es wohl auch so wundervoll werden. Wenn sich zwölfjährige Mädchen auf etwas freuen, vermag solch eine Kleinigkeit nicht den inneren Jubel zu stören.

Elfriede Hases geringer Mut aber verkroch sich jetzt ganz und gar. Mutterseelenallein, ohne die Schulfreundinnen, sollte sie ihre Blumen feilhalten – unmöglich! Wenn es ihr bloß gelang, recht unaufmerksam zu sein.

»So, und jetzt wünsche ich, daß nicht mehr an den Kornblumentag gedacht wird.« Fräulein Goltz sah nach der Uhr. »Wir haben noch eine halbe Stunde Zeit – Extemporalhefte vornehmen!«

Ach, da war's ja, das Gefürchtete; man hatte umsonst Aufschub erhofft! Und gerade jetzt, wo man doch wirklich anderes zu überlegen hatte. Ob das weiße Kleid noch gut genug war oder das rosa vielleicht schöner, ob auch Vater nichts dagegen haben würde und ob man Zöpfe tragen sollte oder das Haar offen. Nein, zu Totila oder zu Napoleon jetzt seine Gedanken hinwandern lassen zu müssen, das war wirklich nicht so leicht.

Aber Fräulein Goltz sorgte dafür, daß keine Schülerin mehr Zeit hatte, an offene Haare und weiße Kleider zu denken. Schlag auf Schlag fielen die Fragen, in so kurzen Pausen, daß nur gerade die Antwort niedergeschrieben werden konnte.

Die Wangen der jungen Mädchen färbten sich röter, die Federn flogen über das knisternde Papier. Hier und da begannen auch Tränen zu fließen, wenn man eine Antwort nicht gewußt hatte oder nicht mitgekommen war.

»Halt!« Fräulein Goltz hatte die letzte Frage getan. »Die erste einer jeden Bank sammelt die Hefte ein!«

Die Lehrerin nahm das Paket Mädchenweisheit in Empfang und verteilte die Hefte so unter die Schülerinnen, daß jede ein fremdes Extemporale vor sich liegen hatte. Denn die Mädchen mußten sich selbst die Arbeiten gegenseitig verbessern.

An den Fehlern der anderen lernten sie am meisten. Freundschaftliches Mogeln oder auch nur zufälliges Übersehen eines Fehlers war nicht zu befürchten, dazu hatten sie alle viel zu großen Respekt vor Fräulein Goltz.

O weh – das sah heute schlecht aus mit den Extemporalien! Nicht nur die auf der ersten Bank, wo die weißen Kleider doch wohl noch hin und wieder in den blonden und braunen Köpfen gespukt hatten, nein, auch die anderen hatten sich diesmal ganz besonders viel Schnitzer geleistet.

Es war Fräulein Goltz nicht zu verdenken, daß sie ärgerlich wurde. Nur eine einzige hatte null Fehler – Elfriede Hase. Die war in Geschichte besonders beschlagen, und wenn sie auch gern unaufmerksam gewesen wäre, so bringt das eine gute Schülerin doch nicht fertig, gegen ihr besseres Wissen eine falsche Antwort niederzuschreiben.

»Brav, Elfriede!« sagte Fräulein Goltz. »Doch wenigstens eine, die zeigt, daß man trotz abliegender Interessen seine Gedanken fest auf die Pflicht richten kann. Von Rechts wegen müßte ich es nur Elfriede Hase gestatten, an dem Kornblumenverkauf teilzunehmen.«

Elfriede errötete, aber nicht vor Freude, über das Lob. »Nein, lieber Himmel, bloß nicht allein!« betete sie innerlich vor Angst.

»Ach, Fräulein Goltz – bitte, bitte, Fräulein Goltz!« Flehentliche Stimmen klangen von der ersten Bank.

Die Lehrerin war zu einsichtsvoll, um nicht zu verstehen, daß heute, unmittelbar nach der Mitteilung, das Interesse leicht ein geteiltes sein konnte.

»Also, diesmal will ich noch ein Auge zudrücken, aber gebt mir nicht wieder Anlaß zur Klage.«

Es läutete. – Fräulein Goltz verließ das Klassenzimmer, und nun brach der lange genug zurückgehaltene Jubel los.

»Ich freue mich ja unmenschlich!« rief die zierliche Hildegard, Elfriedes beste Freundin, und vollführte einen Luftsprung.

»Kinder, die Hauptsache ist, daß wir viel Geld für die Ferienkolonien einbekommen!« sagte Lotte Ahrendt, die Erste der Klasse, verständig.

»Ich werde sicher meinen Korb zuerst verkauft haben, da ist mir nicht bange, ich gehe an jeden 'ran und bitte so lange, bis er mir eine Blume abkauft«, äußerte sich Ilse Krause selbstbewußt.

»Quatsch nicht, Krause!« rief ihr Dora, eine kleine Dicke, lachend zu, während Elfriede Hase leise einwarf: »Aber Ilse, du kannst doch nicht aufdringlich sein und Fremden mit deinen Blumen lästig fallen!«

»Ach, das Häschen, das furchtsame Häschen ergreift schon wieder das Hasenpanier!« neckte Käthe von Luck.

Die kleine, kugelrunde Dora aber, die sehr für Süßigkeiten schwärmte, machte ein verschmitztes Gesicht: »Wißt ihr was, ich schlage vor, daß diejenige, welche die Ehre hat, ihren Kornblumenkorb zuerst leer zu haben – denn eine Ehre ist das doch – auch die Ehre haben soll, für die andern, weniger Glücklichen Apfelkuchen mit Schlagsahne zu spendieren. Das gibt dann einen würdigen Abschluß des schönen Tages!« Dora leckte sich mit rotem Züngelchen schon jetzt im Vorgenuß dieser Herrlichkeit die Lippen.

»Himmlisch – großartig – entzückend – aber vom Konditor Wuppke, da sind sie am besten – einstimmig angenommen!« So schwirrte das durcheinander.

»Wird denn aber euer Taschengeld zu so vielen Apfelkuchen reichen?« gab Elfriede Hase kleinlaut zu bedenken.

»Ach was, da richtet man sich eben mit Heften, Bleistiften und Federn ein bißchen mehr ein, dann langt's schon.« Dora wollte durchaus nicht von ihrem Apfelkuchen lassen.

Elfriede, die Schüchterne, wagte nicht noch einmal zu widersprechen. Trotzdem sie ein Süßschnäbelchen war wie die anderen, konnte ihr auch die Aussicht auf die bevorstehenden Apfelkuchen den Kornblumentag nicht versüßen. Sie würde ja bei ihrer Befangenheit ganz sicher nicht in die Lage kommen, ihren Blumenvorrat als erste ausverkauft zu sehen. Nein, sie brauchte wirklich keine Angst zu haben, die zehn Apfelkuchen spenden zu müssen. Aber wenn ein tückischer Zufall es nun doch wollte, daß gerade sie zuerst ihren Korb leer hatte? Wovon sollte sie die Kuchen denn bloß bezahlen? Eine ganze Mark und fünfzig Pfennig kosteten sie – wo sollte sie die nur hernehmen? Sie erhielt kein Taschengeld wie die anderen; höchstens mal hier und da ein paar Pfennige für ein »Sehr gut« in der Schule. Das Geld für die notwendigen Schulmaterialien bekam sie, aber »erübrigtes Taschengeld wird ja doch nur in Bonbons und süßem Firlefanz angelegt«, sagte Vater. Er war nun mal nicht dafür. Und da sollte sie ihm vielleicht mit einer Mark und fünfzig Pfennig für solchen süßen Firlefanz kommen – undenkbar! Halt – ein Ausweg! Wenn es die Eltern nun überhaupt nicht gestatteten, daß sie sich am Blumenverkauf beteiligte? »Ach« – Elfriede atmete bei dieser Möglichkeit erleichtert auf, man sah es ihr ordentlich an, wie ihr ein Stein vom Herzen fiel.

Sie hatte es heute genau so eilig wie die anderen, nach Hause zu kommen und den Eltern von dem Kornblumentag am Mittwoch zu berichten. Aber die Hoffnungen, die sich bei ihr an diese Mitteilung knüpften, waren ganz entgegengesetzt als bei den anderen neun.

»Wenn Papa bloß nicht denkt, daß ich mich durch die Geschichte zu sehr von der Schule ablenken lasse, und deshalb nein sagt«, meinte Hildegard, die mit Elfriede innig umschlungen heimwärts ging, aufgeregt.

»Ich wollte, meine Eltern sagten nein.« Elfriede wagte nur ganz zaghaft, selbst der besten Freundin ihre geheimsten Gedanken anzuvertrauen.

Die sah sie an, als ob sie den Verstand verloren habe. »Elfriede – bist du nicht recht bei Troste, wir freuen uns alle so darauf, und du – nein, so etwas!« Zum erstenmal verstanden sich die Freundinnen nicht.

»Ich wage mich nicht an fremde Leute heran«, gestand Elfriede.

»Häschen, die beißen dich doch nicht. Du machst einen Knicks und sagst: ›Ach, bitte, kaufen Sie doch eine Kornblume!‹ Das ist doch gar nicht schwer!«

»Doch, schrecklich schwer!« Das furchtsame Häschen errötete schon in Gedanken an diese mögliche Keckheit bis an den glatten, hellbraunen Scheitel.

Mit zärtlichem Kuß trennten sich die beiden Freundinnen.

»Na, was ist in der Schule passiert, mein Herzchen?« so empfing Frau Hase das heimkehrende Töchterchen.

»Ich habe null Fehler im Geschichtsextemporale, als einzige, Muttchen, und dann – und dann ist am nächsten Mittwoch Kornblumentag hier in Potsdam, die ganze erste Bank soll mit auf den Straßen verkaufen – ich auch, denk bloß, Muttchen!« Das »ich auch« kam jämmerlich genug heraus.

Die Mutter kannte ihr Töchterchen genau und wußte, daß man ihr damit nichts weniger als eine Freude gemacht hatte. »Na, Friedel, weil du null Fehler im Extemporale hast, wollen wir es dir gestatten«, scherzte sie.

»Nein – nein, Muttchen«, beide Arme schlang Elfriede um

den Hals der Mutter, »erlaubt es doch nur nicht! Ich habe schon Herzklopfen, wenn ich bloß daran denke!«

»Was – Herzklopfen? Schämst du dich nicht, Mädel!« Der Vater trat ins Zimmer.

»Ach, Vaterchen, du bist ja auch nicht dafür, daß man zu dreist ist, und das ist doch eine Keckheit, wenn man ganz fremde Menschen anspricht!« Elfriede schmiegte sich schüchtern an den Vater.

»Was ist denn überhaupt los? Erst Bericht erstatten!« Der Vater schob die Kleine ein Stück von sich ab und schaute ihr prüfend in die tiefblauen Augen.

Wieder berichtete Elfriede von ihren Schmerzen. »Nicht wahr, ihr erlaubt's doch nicht?« schloß sie, ihre Augen flehentlich vom Vater auf die Mutter heftend.

»Na, Friedel, du bist mir ein schöner Held! Ich finde es durchaus nicht richtig, dich von der Beteiligung auszuschließen. Erstens soll man einem gemeinnützigen Zweck nicht seine Hilfe versagen. Zweitens ist es aber dringend nötig, daß du deine lächerliche Schüchternheit besiegen lernst. Du hast am Mittwoch die beste Gelegenheit dazu. Nun zeige mal, daß du uns keine Schande machst! Hab' ich recht, Mutter?« Herr Hase wandte sich seiner Frau zu.

Die nickte. »Ich freue mich geradezu über diese Gelegenheit, daß Friedel ein wenig aus ihrer Schüchternheit herausgehen muß. Ihr befangenes Wesen hat mir oft schon Sorge gemacht. Bescheidenheit ist ja durchaus löblich, aber sie darf nicht zur Furchtsamkeit ausarten.«

Elfriedes Hoffnungen waren getäuscht – es half nichts, sie mußte mit. Nur eine einzige Rettung gab es noch – wenn es am Mittwoch regnete! Dann wurde der Blumentag zwar nicht aufgehoben, doch jedenfalls aufgeschoben, immerhin eine kurze Galgenfrist.

In der Schule hörte man jetzt nicht viel anderes als das Wort »Kornblumentag«. Wo sich zwei Mädchenköpfe zusammenneigten, konnte man ganz sicher sein, daß davon die Rede war. Höchstens gab es noch ein Wort von ähnlicher Wichtigkeit, nämlich: »Apfelkuchen«. Das spielte eine ebenso große Rolle bei all den jungen Fräulein. Der Sicherheit halber hatte man die zehn Kuchen schon bei Konditor Wuppke bestellt. Wer würde die Glückliche sein, die sie bezahlen mußte?

»Ich wollte, ich wär's!« sagte Hildegard zu ihrer Freundin Elfriede. »Ich bin in diesem Monat noch reich, ach, wenn ich doch meine Blumen zuerst verkauft hätte!«

Elfriede gönnte ihr diesen Triumph von ganzem Herzen.

Je näher der bewußte Mittwoch heranrückte, je mehr nahm die freudige Aufregung unter den Schülerinnen zu, die Aufmerksamkeit in den Stunden aber ab. Die Lehrer mußten jetzt oftmals fünf gerade sein lassen. Nur bei Fräulein Goltz sammelte man seine Gedanken, damit man bloß nicht noch kurz vorher ausgeschlossen wurde.

Am Dienstag klebten die Schülerinnen, wie die Fliegen am Fliegenstock, an dem im Flur hängenden Barometer. War es gestiegen – war es etwa gefallen?

Eine gab es, die mit ihrem ganzen schüchternen, kleinen Herzen wünschte, daß der Barometerzeiger doch auf »Sturm und Regen« rücken sollte. Der aber kümmerte sich nicht um die verschiedenen Wünsche der Schülerinnen. Unentwegt stand er auf »Veränderlich«.

Am Mittwoch morgen aber, als so und so viele flinke Mädchenfüße gleich vom Bett aus zum Fenster huschten, ob auch die weißen Kleider nicht umsonst gewaschen seien, lachte goldener Sonnenschein. Der Himmel hatte Elfriedes Bitten nicht erhört, leuchtend blau spannte er sich über die Stadt.

Die Eltern saßen am Frühstückstisch, als Elfriede im weißen Stickereikleide, bis auf das trübselige Gesicht allerliebst anzuschauen, Abschied nahm.

»Wenn du solche Jammermiene machst, kauft dir sicher keiner etwas ab, Kind; junge Augen müssen fröhlich dreinschauen«, ermahnte die Mutter.

»Na, nun sieh zu, Friedel, daß du zuerst mit deinem Vorrat fertig wirst«, scherzte der Vater.

»Um Himmels willen nicht!« Zehn Apfelkuchen, von denen Vater nichts ahnte, stiegen bedrohlich vor Elfriedes Blicken auf.

In der Klasse aber, wo die Mädchenaugen mit der lieben Sonne draußen um die Wette strahlten, wo man die zehn Glücklichen bewunderte und wohl auch ein wenig beneidete, wurde Elfriede, ob sie wollte oder nicht, in den allgemeinen Jubel mit hineingerissen. Ja, da man ihr das hübsche Körbchen, über und über mit Kornblumen gefüllt, überreichte, empfand auch sie sogar eine leise Freude. Doch die verflog schnell, als jetzt einer jeden ihr Revier zugewiesen wurde. Elfriede hatte eine ziemlich stille Straße als Verkaufsstätte erhalten. Darüber war sie nicht betrübt – o nein, ganz im Gegenteil – aber sie hatte immer noch gehofft, mit einem der Mädchen, vielleicht sogar mit Hildegard, zusammenbleiben zu können.

Die aber hatte den Bahnhofplatz zugeteilt bekommen – hurra – da kamen die meisten Menschen vorüber, sicher würde sie als erste ihren Korb leer haben.

»Nun seid liebenswürdig, aber ja nicht aufdringlich, Kinder, benehmt euch unserer Schule würdig!« Mit dieser Mahnung entließ sie die Klassenlehrerin.

Es war ein hübsches Bild, wie die blühende Jugend in ihren lichten Kleidern, den Blumenkorb in der einen Hand, in der anderen die Büchse mit der Aufschrift »Zum Besten der Ferienkolonien«, sich in die sonnendurchflirrten Straßen verteilte.

Eine nach der anderen schwenkte ab.

»Also um zwei Uhr wieder in der Schule«, – »viel Glück!« – »es leben die Apfelkuchen!« das war das letzte, was Elfriede von den fröhlichen Genossinnen hörte.

Nun war sie allein.

Ein banges Gefühl kroch ihr vom Herzen bis in die Kehle hinein, es wurde ihr weinerlich zumute. Aber sie bekämpfte diese Anwandlung.

Tapfer trabte sie über den Damm ihrer Straße zu.

An der Ecke machte sie jäh halt. »Konditorei Wuppke« prangte dort groß in goldenen Buchstaben. Sie hatte bisher noch nicht daran gedacht, daß sich ihr Revier in unmittelbarer Nähe der gefürchteten Apfelkuchen befand.

Ein spähender Blick die Straße hinauf und hinunter, nein, sie brauchte wirklich nicht bange zu sein, daß sie die schnellsten Einnahmen zu verzeichnen haben würde. Nur wenige Fußgänger durchwanderten zu der frühen Stunde diese ruhige Straße.

So überließ sich Elfriede mit erleichtertem Herzen dem Genuß, die verlockenden Auslagen, besonders die zuckerbestreuten Apfelkuchen, im Schaufenster der Konditorei zu bewundern. Dann aber fiel ihr ein, daß sie ja eigentlich zu diesem Zwecke nicht hier sei. Also, das Herz in die Hände genommen und dem nächsten Vorübergehenden ihre duftige Ware angeboten.

Es war ein älterer Herr. Langsam kam er näher. Bei jedem Schritt freute er sich des warmen Sonnenscheins.

Die schüchterne Elfriede drückte sich ganz an die Häuserwand heran. Sie formte die Lippen zu einem »Bitte«, aber das Kunststück war so schwer, daß sie das Wort noch nicht ausgesprochen hatte, als der Herr bereits die Ecke erreicht hatte. Wirklich ein ganz albernes Ding war sie, richtig böse wurde sie auf sich selbst – na, das nächstemal mochte es schon besser gehen.

Eine ganze Weile kam niemand. Elfriedes gepreßtes Herzchen konnte wieder ruhiger schlagen. Sie schlenderte die Straße hinauf, blieb hier und da vor einem Schaufenster stehen und endigte schließlich immer wieder vor den verführerischen Apfelkuchen. Die konnten ihr keine Angst mehr machen – gar keine.

Da bog wieder einer am entgegengesetzten Straßenende um die Ecke – eine große, deutsche Dogge. Elfriede lachte hellauf in dem Gedanken, daß sie dem Riesenhund eine Kornblume für sein Knopfloch verkaufen sollte. Aber das Lachen verging ihr, denn der Herr des Hundes kam hinterher. Nun mußte sie beweisen, daß sie kein albernes Ding war.

Allen Mut nahm das junge Mädchen zusammen. Sie machte sogar einen Schritt auf den Näherkommenden zu. Jetzt einen schüchternen Knicks und ein leises »Ach bitte« – so leise, daß weder der Herr noch der Hund es beachteten. Beide schritten vorüber. Elfriede hätte sich prügeln mögen wegen ihrer Schüchternheit.

Ob sie dem alten Leierkastenmann, der dort mit seinem Stelzfuß näherhumpelte, eine Kornblume anbot? Ach, der besaß ganz sicher kein Geld zu so etwas.

Aber dort der Herr mit dem hellen Sommeranzug, der hatte noch keine Blüte, sicher kaufte er ihr eine ab. Elfriede war es zumute, als ob sie betteln gehen sollte. Der Knicks fiel schnell und verlegen aus.

»Ach bitte!« sagte sie in grenzenloser Befangenheit, dabei hielt sie ihren Korb scheu nach hinten. Der Herr blieb stehen – Elfriedes Herz klopfte höher. Er griff in die Westentasche, aber kein Geldstück zog er hervor, sondern seine Uhr.

»Gleich halb eins, Kleine!« sagte er wohlwollend und ging weiter. Er glaubte nicht anders, als das schüchterne, kleine Mädchen habe ihn nach der Zeit fragen wollen.

Sie stand allein auf der Straße mit ihrem vollen Blumenkorb. Nach einem Weilchen nahte sich endlich wieder jemand. Ein Herr war's, der recht verdrießlich aussah. Der helle Sonnenschein schien ihn zu ärgern, krampfhaft blickte er auf das Straßenpflaster.

Diesmal hielt Elfriede dem sie gar nicht Beachtenden ihren leuchtend blauen Korb kühn entgegen.

»Bitte kaufen Sie doch eine Blume!« bat sie, indem sie eine ihrer Blumen ergriff, und erstaunte selbst über ihre Keckheit.

»Unsinn!« kam es mürrisch als Antwort, dann war auch er vorüber wie all die anderen.

Die unfreundliche Abweisung kränkte Elfriede mehr als das Bewußtsein, noch nichts verkauft zu haben. War sie zudringlich gewesen? Sie kämpfte mit den Tränen. Nun war es um all ihren Mut geschehen. So bald wagte sie sich nicht wieder an jemand heran.

Ob Hildegard schon mit ihrem Vorrat zu Ende war? Die leckeren Apfelkuchen, die eine andere kaufen mußte, trösteten

Elfriede allmählich wieder. Es war ja sehr peinlich, daß sie mit dem vollen Korb wieder nach der Schule mußte, aber schließlich – bei jedem Schlechten ist immer noch was Gutes. Wenn sie die Spenderin der Kuchen hätte sein müssen, das wäre doch viel schlimmer gewesen. Aber mit ganz leerer Büchse mochte sie doch auch nicht vor die anderen treten, ein bißchen klappern mußte es darin.

Halt – dort die gutmütig ausschauende, alte Dame, die gerade um die Ecke bog, an die traute sie sich heran, die würde sie wohl nicht zurückweisen. Elfriede gedachte Mutters Mahnung, ein liebenswürdiges Gesicht zu machen.

»Ach bitte, wollen Sie nicht etwas kaufen?« bat die Kleine so freundlich, wie es ihre Verlegenheit nur zuließ.

Die alte Dame sah ihr auf die Lippen. »Ja, es ist schön, heute zu laufen – wunderschön!« nickte sie dann mit liebem Lächeln.

»Nein, ob Sie nicht so gut sein wollen und eine Kornblume kaufen«, rief Elfriede jetzt mit erhobener Stimme und hielt der schwerhörigen Dame ihren Korb hin.

»Dorn – nein, mein liebes Kind, diese Blumen haben keine Dornen«, sagte jene beruhigend und ging weiter. Elfriede blieb zurück. Sie gab eine Verständigung auf. Traurig dachte sie darüber nach, was sie für ein Pech hatte.

»Ach, die vielen, schönen Kornblumen!« klang es da sehnsüchtig neben ihr.

Ein kleiner, blasser Junge war's, barfuß, das Jäckchen ausgewachsen, die Höschen geflickt.

»Kaufe dir doch eine Blume, Kleiner«, sagte Elfriede freundlich, »sie kostet nur zehn Pfennige.«

Der Junge machte ein betrübtes Gesicht. »Ich habe kein Geld«, erwiderte er kleinlaut und kehrte zum Beweis seine zerlöcherten Hosentaschen um.

»Ja, ohne Geld kann ich dir keine Kornblume geben.« Elfriede ließ ihren so wenig zahlungsfähigen Käufer stehen und ging weiter.

Der aber lief getreulich neben ihr her.

»Ach bitte, bitte – man bloß eine einzige, du hast doch noch so viele«, bettelte er.

»Was tust du denn mit der Blume, du wirfst sie doch bloß weg«, versuchte Elfriede zu trösten.

»Nee – nee – wirklich nich – Mutter is krank, der will ich sie mitbringen«, sagte der Kleine treuherzig. »Du behältst ja noch solche Menge«, setzte er schnell hinzu, als er sah, daß die junge Verkäuferin schwankend wurde.

Elfriede hatte ein mitleidiges Herz. Das Kerlchen tat ihr leid. Verschenken durfte sie von den ihr zum Verkauf anvertrauten Blumen keine, aber zehn Pfennige besaß sie selbst gerade noch. Die konnte sie dafür in die Büchse werfen.

Sie zog gewissenhaft ihr kleines Portemonnaie heraus, entnahm ihm den letzten Groschen und warf ihn als erste Käuferin in ihre Büchse. Dann aber reichte sie dem glückstrahlenden Jungen die schönste Kornblume. Mit freudigem »Villen Dank ooch« eilte der Kleine davon.

An der Ecke traf er auf einen Trupp größerer Jungen. Die Schule drüben war gerade aus, von der Garnisonkirche schlug es ein Uhr. Einer von den Großen machte Miene, ihm die Kornblume fortzunehmen.

»Wo hast du sie her? Gekauft hast du die sicher nicht, also hast du sie gemaust?«

»Nee«, heulte der Kleine, »das Mädel da hat sie mir geschenkt, wirklich geschenkt!«

Der Große ließ den Kleinen los. Was – hier wurden Kornblumen verschenkt – hallo – da waren sie auch alle dabei! Heute wollte jeder eine blaue Blume besitzen.

Elfriede, die schüchterne, kleine Elfriede wußte nicht, wie ihr geschah. Im Nu sah sie sich plötzlich von einer Horde johlender Jungen umringt.

»Eine Kornblume – schenke uns auch eine Kornblume!« so riefen und schrien sie durcheinander. Kecke, tintenbeschmierte Jungenhände griffen nach ihrem Blütenschatz.

»Laßt sein – nicht doch – bitte nicht – ich darf nichts verschenken!« Ihr ängstliches Sümmchen verhallte ungehört in dem Lärmen und Toben.

Ein langer, dreister Lümmel riß ihr einige Blumen aus dem Korb, lachend stob er damit davon. Und immer neue Jungen eilten aus dem Schultor heraus. Ein großer Kreis hatte sich schon um die arme Elfriede versammelt. »Eine Kornblume – nur eine!« so baten die bescheidenen, während sich die unverschämten einfach ihr Teil nahmen und fortliefen.

Das Mädchen wußte sich keinen Rat mehr, als es seinen Korb so geplündert sah.

Bitterlich fing es an zu weinen.

»Nanu, was ist denn hier für ein Auflauf?« Eine Männerstimme übertönte das Gejohle. Zwei Herren drangen durch den jetzt ängstlich zurückweichenden Jungenhaufen bis zu dem weinenden jungen Mädchen hin.

»Warum weinst du, mein Kind?« fragte der eine und streichelte mitleidig den glatten, braunen Scheitel der Kleinen.

Vertrauensvoll hob Elfriede die schwimmenden Blauaugen. »Keine einzige Kornblume habe ich bisher verkauft, und nun nehmen mir die abscheulichen Jungen alle weg«, klagte sie schluchzend.

»Schämt ihr euch gar nicht, Jungens, ein wehrloses Mädel anzugreifen?« donnerte der Herr, der so freundlich zu Elfriede gesprochen hatte.

»Wir wollen ja bloß ein paar Blumen geschenkt haben – sie hat einem andern Jungen auch eine gegeben!« klang es verteidigend hier und da.

»Nein, ich habe mein eigenes Geld dafür in die Büchse geworfen, weil der Kleine die Blume seiner kranken Mutter bringen wollte«, erklärte Elfriede eifrig; sie hatte ihrem Beschützer gegenüber jetzt alle Verlegenheit verloren.

»Und weiter hast du noch nichts verkauft, Kind?«

Elfriede schüttelte wieder betrübt den Kopf.

»Na, da werde ich wohl mal für dich verkaufen müssen, weil du solch braves, kleines Mädel bist«, sagte der Herr lächelnd. Er nahm die Büchse und warf mehrere blanke Goldstücke hinein, die betrugen weit mehr, als die sämtlichen Kornblumen wert waren. Dann aber griff er nach ihrem Korb.

»So, nun kommt her, ihr Schlingel!« Lachend verteilte er die Blumen unter den jubelnd danach Greifenden.

Wo kamen bloß die vielen Kinder plötzlich her? Von allen Seiten rannten sie zu der Ecke, wo sich der unverhoffte Kornblumenregen ergoß. Im Umschauen war Elfriedes Korb leer.

»Na, Kleine, nun ist wieder Sonnenschein!« Lustig wandte sich der Herr der kleinen Verkäuferin zu und gab ihr den leeren Korb zurück. Die aber blickte mit entsetzten Augen darauf und von dort zu dem Schaufenster, vor dem sie gerade standen.

»Lieber Himmel, die Apfelkuchen!« entfuhr es ihr erschreckt, auf die süße Herrlichkeit angstvoll weisend.

»Apfelkuchen?« Dem Herrn schien die Sache großen Spaß zu machen, »was hat's denn damit für eine Bewandtnis?«

Elfriede hatte solch großes Vertrauen zu ihrem Retter in der Not gefaßt, daß sie ihm von der Wette in der Schule berichtete. Gewiß hatte noch keine andere ihre Blumen ausverkauft, es sollte ja nachmittags weiter feilgeboten werden. Sie war sicher die erste und hatte nun die Ehre – die Blauaugen begannen über die zweifelhafte Ehre wieder zu tropfen – zehn Apfelkuchen spenden zu müssen. Dabei hatte sie ihren letzten Groschen in die Büchse geworfen.

Der fremde Herr lachte hellauf. Dann sprach er einige leise Worte zu seinem Begleiter. Beide verschwanden in der Konditorei und kehrten bald mit einem umfangreichen Paket zurück.

»So, Kleinchen, nun laßt euch die Apfelkuchen gutschmekken; da ich die Blumen verkauft habe, muß ich auch die Wette bezahlen!« Damit legte Elfriedes Beschützer das süße Paket in das leere Körbchen des kleinen Mädchens. Ehe Elfriede noch danken konnte, schritten beide Herren durch die Kinderschar davon.

Elfriede, in einem wahren Taumel von Glück, eilte, den Korb mit den Apfelkuchen fest an ihr Herz gepreßt, ihrer Schule zu.

Dort waren auch die anderen wieder eingetroffen, doch kein Korb war ganz geleert.

Die schüchterne, bescheidene Elfriede wurde allgemein angestaunt. Die Apfelkuchen aber schmeckten herrlich.

In Blumen steht die Wiese

Lied

Wenn so der erste feine Staub
des Sommers auf die Blätter fällt –
dann ade, du Frühlingswelt!
Dann ade, du junges Laub! –
Ach, wic sterben die Frühlinge schnelle!

Wenn erst das Auge sich versöhnt
mit all dem Grün und Weiß und Rot,
da beginnt des Frühlings Tod,
da versommern wir verwöhnt …
Ach, wie sterben die Frühlinge schnelle!

Und dann schauen wir vom Hügel,
wie das Land sich müde sonnt …
Leblos steht ein Mühlenflügel,
wie ein Kreuz, am Horizont – –.
Ach, wie sterben die Frühlinge schnelle!

Ein Gleichnis

Jüngst pflückt' ich einen Wiesenstrauß,
Trug ihn gedankenvoll nach Haus,
Da hatten von der warmen Hand
Die Kronen sich alle zur Erde gewandt.
Ich setzte sie in frisches Glas
Und welch ein Wunder war mir das!
Die Köpfchen hoben sich empor,
Die Blätterstengel im grünen Flor,
Und allzusammen so gesund
Als stünden sie noch auf Muttergrund.

So war mir's als ich wundersam
Mein Lied in fremder Sprache vernahm.

Juni

Ich trag' ein Kleid von weichen Rosenherzen,
Ich schlaf in einem Bett von Rosenduft,
Bis mich der rosenrothe Morgen ruft,
Ein Stündlein in den Knospen zu verscherzen.

Der Mittag liebt ein herzlicheres Herzen,
Dringt heiß bis in des Kelches tiefste Kluft:
Da fliegt manch Rosenblättchen durch die Luft,
Und seufzt von bittrer Lust und süßen Schmerzen.

Der Abend kommt, den Blumen Trost zu geben,
Die matt und blaß in seinem Thau sich baden,
Bis allen ihren Zorn sie ausgekühlt.

Behagt dir, Freund, dies rothe Rosenleben,
So sei von mir auf morgen eingeladen,
Denn alle Tage wird solch Spiel gespielt.

Juli

Auf kühlen Bergen, an des Meeres Strande,
Ist dir ein heitrer Gartensitz bereitet,
Nicht allzu eng', auch nicht zu weit verbreitet:
Man liebt sich einzuschränken auf dem Lande.

Ein junger Quell im Bett von weichem Sande
Ist zierlich durch die Gänge hingeleitet,
Bis er betrogen in ein Becken gleitet,
Das ihm versteckt der Blumenhain am Rande.

Da muß er, eingezwängt in schlanker Säule,
Aufsteigen aus dem runden Marmormunde,
Und auf der Höhe sich in Schaum zerstäuben.

Das Moosbett winkt zu mittäglicher Weile:
Es schlummert Alles, nur im klaren Grunde
Seh' ich die goldnen Fischlein Spiele treiben.

Butterblumengelbe Wiesen,
sauerampferrot getönt, –
o du überreiches Sprießen,
wie das Aug dich nie gewöhnt!

Wohlgesangdurchschwellte Bäume,
wunderblütenschneebereift –
ja, fürwahr, ihr zeigt uns Träume,
wie die Brust sie kaum begreift.

Der alte Garten

Kaiserkron' und Päonien roth,
Die müssen verzaubert sein,
Denn Vater und Mutter sind lange todt,
Was blühn sie hier so allein?

Der Springbrunn plaudert noch immerfort
Von der alten schönen Zeit,
Eine Frau sitzt eingeschlafen dort,
Ihre Locken bedecken ihr Kleid.

Sie hat eine Laute in der Hand,
Als ob sie im Schlafe spricht,
Mir ist, als hätt' ich sie sonst gekannt –
Still, geh vorbei und weck' sie nicht!

Und wenn es dunkelt das Thal entlang,
Streift sie die Saiten sacht,
Da giebt's einen wunderbaren Klang
Durch den Garten die ganze Nacht.

EMANUEL GEIBEL

O Sommerfrühe blau und hold!
Es trieft der Wald von Sonnengold,
In Blumen steht die Wiese;
Die Rosen blühen rot und weiß,
Und durch dic Fluren wandelt leis
Ein Hauch vom Paradiese.

Die ganze Welt ist Glanz und Freud',
Und bist du jung, so liebe heut
Und Rosen brich mit Wonnen!
Und wardst du alt, vergiß der Pein
Und lerne dich am Widerschein
Vom Glück der Jugend sonnen!

Blumen atmen gern auf Erden

Blumen atmen gern auf Erden
Dir ein Liebes anzutun,
Könnt ich eine Blume werden
Würd ich nicht im Grünen ruhn.
Meinen Blättern lehrt ich Fliegen
Und dem Kelche süßen Schall,
Um an deinem Mund zu liegen
Dich zu küssen überall.
Ach wie viel könnt ich erfinden
Warst du Liebe noch nicht mein,
Jetzt nur fester dich zu binden
Soll die einzge Freude sein.
Sieh mit diesem goldnen Bande
Bind ich deine Flügel fest,
Und dies Grün in seinem Stande
Neue Hoffnung blicken läßt.

Hab ich dich nur erst gebunden
Brauch ich nicht der Vogel Flug
Ihr Gesang ist bald erfunden,
Küsse zwitschern süß genug.

Verzauberter April

Als Mrs Wilkins am nächsten Morgen aufwachte, blieb sie einige Minuten lang im Bett liegen, bevor sie aufstand und die Fensterläden öffnete. Was würde sie von ihrem Fenster aus sehen? Eine strahlende Welt oder eine verregnete Welt? Aber schön würde sie sein, wie immer sie auch aussehen mochte.

Sie fand sich in einem kleinen Schlafzimmer mit weißgetünchten Wänden, einem Steinboden und einigen wenigen alten Möbeln. Die Betten – es gab zwei – waren aus Eisen, schwarz emailliert und bemalt mit bunten Blumensträußchen. Sie blieb liegen, um den großen Augenblick, wenn sie ans Fenster ging, hinauszuzögern, so wie man das Öffnen eines lieben Briefes und seine Freude daran hinauszögert. Sie hatte keine Ahnung, wieviel Uhr es war; sie hatte vergessen, sie aufzuziehen, seit sie zuletzt, Jahrhunderte war das her, in Hampstead schlafen gegangen war. Man hörte keinen Laut im Haus, und so vermutete sie, es müsse noch früh sein, dennoch hatte sie das Gefühl, als hätte sie ewig geschlafen – so ausgeruht, so rundum zufrieden war sie. Sie lag da, die Arme um den Kopf verschränkt, und dachte, wie glücklich sie war, und ihre Lippen waren in seligem Lächeln hochgezogen. Allein im Bett zu sein: welch Wonnezustand. Sie war seit fünf Jahren nicht einmal ohne Mellersh im Bett gewesen; ah, diese kühle Geräumigkeit; die Bewegungsfreiheit; das Gefühl der Sorglosigkeit, der Keckheit, wenn man an den Decken zog, weil man es wollte, oder sich die Kissen zurechtstupste, um es noch behaglicher zu haben! Es war, als entdecke man eine Freude völlig neu.

Mrs Wilkins sehnte sich zwar danach, aufzustehen und die Läden zu öffnen, aber sie fühlte sich dort, wo sie war, einfach pudelwohl. Sie seufzte vor Behagen und blieb weiter liegen, schaute um sich, registrierte alles in ihrem Zimmer, ihrem eigenen kleinen Zimmer, ihrem ureigenen Zimmer, in dem sie sich ganz nach Gusto während dieses einen glücklichen Monats einrichten konnte, ihr Zimmer, das sie sich von ihrem Ersparten erworben hatte, die Frucht ihrer geheimen Entbehrungen, ihr Zimmer, dessen Tür sie abschließen konnte, wenn sie es wollte, und wo niemand das Recht hatte hereinzukommen. Es war ein so seltsames kleines Zimmer, ganz anders als alle, die sie kannte, und so angenehm. Es war wie eine Zelle. Die beiden Betten ausgenommen, beschwor es eine glückliche Askese. ›Und der Name des Gemachs‹, zitierte sie in Gedanken, lächelnd das Zimmer betrachtend, ›war Friede‹.

Ja, das war schon herrlich, dazuliegen und zu denken, wie glücklich sie war, aber draußen vor den Läden war es noch herrlicher. Sie sprang auf, zog sich die Pantoffeln an, denn es gab nichts auf dem Steinboden als einen kleinen Vorleger, lief zum Fenster und stieß die Läden auf.

»Oh!« rief Mrs Wilkins aus.

All der strahlende Glanz Italiens im April lag ausgebreitet ihr zu Füßen. Die Sonne ergoß sich über sie. Das Meer schlummerte darin, fast unbewegt. Jenseits der Bucht ruhten auch die lieblichen Berge, reich an Farbnuancen, im Licht; und unterhalb ihres Fensters, am Fuße des blumenübersäten Grashügels, aus dem sich die Mauer des Castellos erhob, stand eine große Zypresse, die wie ein großes schwarzes Schwert durch die zarten Blau-, Violett- und Rosatöne der Berge und des Meeres schnitt.

Sie staunte. Solche Schönheit; und sie war da, um sie zu sehen. Solche Schönheit; und sie am Leben, um sie zu fühlen. Ihr Gesicht war in Licht gebadet. Köstliche Düfte stiegen zu ihrem Fenster hoch und umschmeichelten sie. Eine leichte Brise bewegte sanft ihr Haar. Weit draußen in der Bucht trieb eine Schar von Fischerbooten, fast ohne Bewegung, wie ein Schwarm weißer Vögel, auf dem ruhigen Meer. Wie schön, wie schön! Nicht zuvor gestorben zu sein …, das sehen zu dürfen, zu atmen, zu fühlen … Sie starrte mit offenem Mund. Glücklich? Welch dürftiges, gewöhnliches Alltagswort. Aber was konnte man denn sagen, wie ließe es sich beschreiben? Es war, als müßte sie zerspringen, als wäre sie zu klein, um soviel Freude in sich zu halten, als wäre sie von Licht durchdrungen. Und wie erstaunlich das war, diese reine Seligkeit zu fühlen, wo sie doch überhaupt nichts Selbstloses tat oder im Sinn hatte, vielmehr nur das tun würde, was sie wollte. Nach Meinung aller, die sie im Leben kennengelernt hatte, müßte sie zumindest Gewissensbisse haben. Nicht die Spur davon. Irgendwie stimmte da etwas nicht. Seltsam, daß sie zu Hause so gut gewesen war, so furchtbar gut, und bloß Qual empfunden hatte. Gewissensbisse jeder Art waren dort ihr Los gewesen; Schmerzen, Kränkungen, Entmutigungen, während sie die ganze Zeit unermüdlich selbstlos war. Jetzt hatte sie all ihr Gutsein abgelegt und in die Ecke geworfen wie einen Haufen durchnäßter Wäsche, und sie fühlte nur Freude. Sie hatte sich des Gutseins entledigt und genoß ihre Nacktheit. Sie war entblößt und frohlockte. Und dort, fern in der trüben Muffigkeit von Hampstead, erboste sich Mellersh.

Sie versuchte, sich Mellersh vorzustellen, versuchte, ihn beim Frühstück zu sehen und wie er verbittert an sie dachte; und sieh da, Mellersh selbst begann zu schimmern, wurde rosig, dann blaßviolett, dann zu einem hinreißenden Blau, verlor die Konturen, irisierte. Tatsächlich entschwand Mellersh, nachdem er noch einen Augenblick lang gezuckt hatte, im Licht.

›*Na so was*‹, dachte Mrs Wilkins und starrte gleichsam hinter ihm her. Wie ungewöhnlich das war, sich Mellersh nicht vorstellen zu können; sie, die jeden Zug an ihm, jeden Gesichtsausdruck auswendig kannte. Es gelang ihr einfach nicht, ihn zu sehen, wie er war. Sie konnte ihn nur verklärt sehen, in Einklang mit allem. Die bekannten Worte der öffentlichen Danksagung kamen ihr spontan in den Sinn, und sie ertappte sich dabei, wie sie Gott pries, sie erschaffen und beschützt zu haben, ihn pries für alle Wohltaten dieses Lebens, vor allem aber für seine unschätzbare Liebe; und das geschah mit lauter Stimme; in einer plötzlichen Anwandlung von Dankbarkeit. Mellersh dieweil zog in diesem

Augenblick verärgert seine Stiefel an, bevor er in die triefenden Straßen hinausging, und dachte Bitterböses von ihr.

Sie begann sich anzuziehen, wobei sie sich zu Ehren des Frühsommertages für leichte weiße Sachen entschloß, packte ihr Gepäck aus und brachte ihr schnuckeliges Zimmer in Ordnung. Sie ging mit schnellen, entschiedenen Schritten umher, ihr langer dünner Körper war gestreckt, ihr kleines Gesicht, das zu Hause vor lauter Anstrengung und Angst so zerknittert aussah, glättete sich. Alles, was sie vor diesem Morgen gewesen war und getan hatte, alles, was sie gefühlt und ihr Kummer gemacht hatte, war verschwunden. Mit jeder ihrer Sorgen verhielt es sich wie mit Mellershs Bild, sie löste sich in Farbe und Licht auf. Und sie bemerkte Dinge, die sie seit Jahren nicht bemerkt hatte – als sie ihr Haar vor dem Spiegel frisierte, nahm sie es bewußt wahr und dachte: ›Das ist aber hübsch.‹ Jahrelang hatte sie vergessen, daß sie so etwas wie Haar hatte, sie flocht es am Abend und löste es am Morgen mit derselben Eile und Gleichgültigkeit, mit der sie ihre Schuhe schnürte und aufschnürte. Jetzt auf einmal sah sie das Haar, und sie wickelte sich vor dem Spiegel einige Strähnen um die Finger und war froh, daß es so hübsch war. Mellersh konnte es auch nicht gesehen haben, denn er hatte nie ein Wort darüber verloren. Wenn sie aber wieder zu Hause wäre, würde sie ihn darauf aufmerksam machen. »Mellersh«, würde sie sagen, »guck dir mein Haar an. Gefällt es dir nicht, daß du eine Frau mit honiggoldenen Locken hast?«

Sie lachte. Sie hatte noch nie dergleichen zu Mellersh gesagt, und die Vorstellung amüsierte sie. Aber warum hatte sie es nicht getan? Nun ja – sie hatte immer Angst vor ihm gehabt. Komisch, vor irgend jemandem Angst zu haben; und besonders vorm eigenen Mann, den man doch auch in seinen schlichteren Momenten sah, wie beim Schlafen, wo er nicht, wie es sich gehörte, durch die Nase atmete.

Als sie fertig war, öffnete sie die Tür, um hinüberzugehen und zu sehen, ob Rose wach war, die am Abend zuvor von einem schläfrigen Mädchen in einer Zelle ihr gegenüber untergebracht worden war. Sie würde ihr guten Morgen wünschen und dann zur Zypresse hinunterlaufen und dort bleiben, bis das Frühstück fertig war, und nach dem Frühstück würde sie nicht ein einziges Mal aus dem Fenster schauen, bis sie Rose geholfen hatte, alles für Lady Caroline und Mrs Fisher vorzubereiten. Es gab so viel zu tun an diesem Tag: sich häuslich niederzulassen, die Zimmer in Ordnung zu bringen; sie durfte Rose das nicht allein überlassen. Für die beiden Neuankömmlinge würden sie alles so heimelig machen, die von Blumen leuchtenden Zellen würden ihnen einen entzückenden Anblick bieten. Sie erinnerte sich, daß sie sich gewünscht hatte, Lady Caroline möge nicht herkommen; wie abstrus, jemanden aus dem Paradies ausschließen zu wollen, nur aus der Befürchtung, man wäre dann gehemmt! Als ob das was ausmachte, und als ob sie nicht so oder so befangen wäre. Außerdem, was für ein Grund. Zumindest konnte sie sich in dieser Angelegenheit nicht vorwerfen, gutherzig gewesen zu sein. Und sie erinnerte sich, sie wollte auch Mrs Fisher nicht dabeihaben, weil sie ihr arrogant vorgekommen war. Wie seltsam war sie doch. Wie seltsam, sich über solch geringfügige Dinge Sorgen zu machen und ihnen somit Wichtigkeit beizumessen.

Die Schlafzimmer und zwei der Aufenthaltsräume in San Salvatore lagen im obersten Stockwerk und gingen auf eine weitläufige Halle mit einem großen Glasfenster an der Nordseite. San Salvatore besaß viele kleine Gärten an den verschiedensten Stellen und auf verschiedenen Ebenen. Das Gärtchen, auf das dieses Fenster hinunterblickte, befand sich auf der höchsten Stelle des Festungswalls und konnte nur durch die entsprechende Halle auf dem Stockwerk darunter betreten werden. Als Mrs Wilkins aus ihrem Zimmer kam, war das Fenster weit offen, und in der Sonne hinten stand ein Judasbaum in voller Blüte. Kein Mensch in der Nähe, kein Geräusch von Stimmen oder Schritten. Kübel mit Callas thronten auf dem Steinboden, und auf einem Tisch flammte ein Riesenstrauß wilder Kapuzinerkresse. Geräumig, blumenreich, still, mit dem großen Fenster am Ende, das sich zum Garten hin öffnete, und dem Judasbaum aberwitzig schön im Sonnenschein, schien das alles Mrs Wilkins, die festgehalten wurde auf ihrem Weg zu Mrs Arbuthnot, zu gut, um wahr zu sein. Würde sie wirklich einen ganzen Monat darin leben dürfen? Bis zu diesem Zeitpunkt hatte sie das Schöne, wie es sich ihr rein zufällig bot, portiönchenweise ergattern müssen – ein gänseblümchenübersätes Fleckchen auf einem Feld in Hampstead an einem herrlichen Tag, einen Streifen Sonnenuntergang zwischen zwei Schornsteinkappen. Sie war nie an wirklich vollkommen schönen Orten gewesen. Nicht einmal in einem ehrwürdig alten Haus, und so etwas wie Blumenfülle in ihrer Wohnung war unerschwinglich für sie. Manchmal hatte sie sich im Frühling sechs Tulpen bei Shoolbred's gekauft, da es ihr unmöglich war, ihnen zu widerstehen, und war sich bewußt, daß Mellersh, falls er erführe, wieviel sie gekostet hatten, dies unentschuldbar fände; aber sie waren bald verwelkt, und danach gab es keine mehr. Was den Judasbaum betraf, hatte sie keine Ahnung, was das eigentlich war, und sie betrachtete ihn, wie er sich da draußen gegen den Himmel abhob, mit der verzückten Miene einer, die eine himmlische Vision hat.

Mrs Arbuthnot, die aus ihrem Zimmer kam, traf sie so an, mitten in der Halle stehend, den Blick starr.

›Was glaubt sie denn nun zu sehen?‹ dachte Mrs Arbuthnot.

»Wir *sind* in Gottes Hand«, sagte Mrs Wilkins, sich ihr zuwendend, im Brustton der Überzeugung.

»Oh!« sagte Mrs Arbuthnot rasch, während sich ihre eben noch lächelnde Miene verfinsterte. »Wieso, was ist passiert?«

Mrs Arbuthnot war nämlich mit einem wunderbaren Gefühl der Sorglosigkeit, der Erleichterung aufgewacht und wollte nun nicht entdecken, daß ihr Bedürfnis nach Geborgenheit doch nicht gestillt werden konnte. Sie hatte nicht einmal von Frederick geträumt. Zum ersten Mal seit Jahren war ihr der nächtliche Traum erspart geblieben, daß er bei ihr war und sie offen und ehrlich miteinander sprachen, und dann das traurige Erwachen. Sie hatte wie ein Säugling geschlafen und war zuversichtlich aufgewacht; das einzige, was sie in ihrem Morgengebet sagen wollte, hatte sie festgestellt, war ›danke‹. So war es beunruhigend zu hören, daß sie doch in Gottes Hand war.

»Es ist hoffentlich nichts passiert?« fragte sie besorgt.

Mrs Wilkins schaute sie einen Augenblick lang an und lachte. »Wie seltsam«, sagte sie und küßte sie.

»Was ist seltsam?« wollte Mrs Arbuthnot wissen, und ihr Gesicht hellte sich auf, weil Mrs Wilkins lachte.

»Wir. Dies hier. Alles. Es ist so wundervoll. Es ist so seltsam und so herrlich, daß wir mittendrin sind. Ich glaube, wenn wir dereinst in den Himmel kommen – über den wir soviel reden –, werden wir ihn keinen Deut schöner finden.«

Mrs Arbuthnots Gesichtszüge entspannten sich wieder bis hin zu einem sorglosen Lächeln. »Ist es nicht göttlich?« sagte sie.

»Warst du je, je in deinem Leben so glücklich?« fragte Mrs Wilkins und packte sie am Arm.

»Nein«, sagte Mrs Arbuthnot. Und sie war es auch nicht gewesen; niemals; nicht einmal in der ersten Liebeszeit mit Frederick. Denn immer war in jenem anderen Glück der Schmerz nahe gewesen, bereit, sie mit Zweifeln zu quälen, sie sogar mit dem Übermaß ihrer Liebe zu quälen; wohingegen dies hier das einfache Glück des völligen Einklangs mit ihrer Umgebung war, das Glück, das nichts verlangt, das sich darauf beschränkt, nur zu empfangen, zu atmen, zu sein.

»Schauen wir uns den Baum aus der Nähe an«, sagte Mrs Wilkins. »Ich kann's nicht glauben, daß es nur ein Baum ist.«

Und Arm in Arm gingen sie durch die Halle, und ihre Männer hätten sie nicht wiedererkannt, ihre Gesichter waren so jung in ihrem Eifer, und zusammen standen sie am offenen Fenster, und als ihre Augen, nachdem sie sich an dem wunderbaren purpurnen Ding gesättigt hatten, weiter zwischen den Schönheiten des Gartens umherschweiften, sahen sie auf der niedrigen Mauer am östlichen Rand sitzend, über die Bucht blickend, die Füße in den Lilien wippend, Lady Caroline.

Sie waren erstaunt. Und vor lauter Erstaunen sagten sie

nichts, sondern standen ganz still, Arm in Arm, und starrten von oben auf sie hinunter.

Auch sie hatte ein weißes Kleid an, und ihr Kopf war unbedeckt. Sie hatten sich an jenem Tag in London, als ihr Hut fast bis zur Nase reichte und ihre Pelze bis über die Ohren, keine Vorstellung gemacht, wie hübsch sie war. Sie hatten einfach geglaubt, sie sei halt anders als die Frauen im Club, und das hatten die selbst auch gedacht, ebenso die Kellnerinnen, die sie von der Seite her immer wieder beäugten, wenn sie die Ecke passierten, wo sie plaudernd dasaß; aber sie hatten keine Vorstellung gehabt, daß sie so hübsch war. Außerordentlich hübsch. Alles an ihr war, was es war, im Superlativ. Ihr blondes Haar war sehr blond, ihre lieblichen grauen Augen waren sehr lieblich und sehr grau, ihre dunklen Wimpern sehr dunkel, ihre weiße Haut sehr weiß, ihr roter Mund sehr rot. Sie war ungewöhnlich schlank – ganz mädchenhaft, auch wenn es da nicht an den kleinen Rundungen unter ihrem leichten Kleid fehlte, wo kleine Rundungen sein sollten. Sie blickte sinnend über die Bucht und hob sich klar gegen den Hintergrund des Blaus ab. Sie saß direkt in der Sonne. Ihre Füße baumelten zwischen den Blättern und Blüten der Lilien, als mache es nichts aus, wenn diese geknickt oder zerdrückt würden.

»Der Kopf muß ihr doch brummen«, flüsterte Mrs Arbuthnot schließlich, »wie sie da in der Sonne sitzt.«

»Einen Hut müßte sie tragen«, flüsterte Mrs Wilkins.

»Sie zerdrückt die Lilien.«

»Aber das sind genauso ihre Lilien wie unsere.«

»Nur ein Viertel.«

Lady Caroline wandte den Kopf. Sie schaute einen Augenblick hoch zu ihnen, überrascht, daß sie soviel jünger aussahen als damals im Club und weit weniger reizlos. Ja, sie waren eigentlich sogar reizvoll, wenn eine in falscher Aufmachung je wirklich reizvoll sein konnte. Noch bevor sie ihnen winkend zulächelte und guten Morgen wünschte, hatte ihr Blick, in Windeseile über die beiden gleitend, jeden Zentimeter an ihnen wahrgenommen.

Es gab nichts an ihrer Kleidung, wie sie sofort bemerkte, was für sie von Interesse hätte sein können. Das dachte sie nicht bewußt, sie stand nämlich schönen Kleidern und der Sklaverei, die sie einem auferlegen, sehr ablehnend gegenüber, ihrer Erfahrung nach bekamen sie in dem Augenblick, wo man sie hatte, Gewalt über einen und ließen einem keine Ruhe, bis sie überall gezeigt worden waren und jeder sie gesehen hatte. Man führte nicht die Kleider auf den Gesellschaften vor; nein, sie waren es, die einen vorführten. Es war ein großer Irrtum zu glauben, daß eine Frau, eine ausgesprochen gut angezogene Frau, ihre Kleidung abnutzte; vielmehr war es die Kleidung, die eine Frau abnutzte – indem sie sie zu jeder Tages- und Nachtzeit hierhin und dorthin schleppte. Kein Wunder, daß die Männer länger jung blieben. Eine neue Hose allein konnte die nicht in Aufregung versetzen. Sie konnte sich nicht vorstellen, daß eine Männerhose, selbst die schickste, sich je so benahm, sich dermaßen ins Zeug legte. Ihre Bilder waren konfus, aber sie dachte, was ihr so in den Sinn kam, und gebrauchte die Bilder, die sie nun mal mochte. Als sie von der Mauer aufstand und zum Fenster ging, war es ihr eine Beruhigung zu wissen, daß sie einen ganzen Monat mit Leuten verbringen würde, deren Kleidung, wie sie sich vage erinnerte, vor fünf Sommern aktuell gewesen war.

»Ich bin gestern morgen angekommen«, sagte sie, zu ihnen hochblickend, und lächelte. Sie war einfach bezaubernd. Sie hatte alles, selbst ein Grübchen.

»Das ist jammerschade«, sagte Mrs Arbuthnot und lächelte zurück, »wir wollten Ihnen nämlich das schönste Zimmer aussuchen.«

»Oh, das habe ich schon getan«, sagte Lady Caroline. »Zumindest glaube ich, daß es das schönste ist. Es hat Ausblick nach zwei Seiten – ich liebe Zimmer mit zwei Ausblicken, Sie nicht? Zum Meer hin nach Westen und über diesen Judasbaum nach Norden.«

»Und wir wollten es für Sie mit Blumen schmücken«, sagte Mrs Wilkins.

»Oh, das hat Domenico schon gemacht. Gleich, als ich ankam, habe ich ihn darum gebeten. Er ist der Gärtner. Er ist wunderbar.«

»Es ist natürlich keine schlechte Sache«, sagte Mrs Arbuthnot ein wenig zögernd, »unabhängig zu sein und genau zu wissen, was man will.«

»Ja, das erspart einem manche Schwierigkeit«, meinte Lady Caroline zustimmend.

»Aber so unabhängig sollte man nicht sein«, sagte Mrs Wilkins, »daß man anderen keine Möglichkeit mehr läßt, Großmut zu zeigen.«

Lady Caroline, die Mrs Arbuthnot angeblickt hatte, blickte nun Mrs Wilkins an. Damals in dem merkwürdigen Club hatte sie bloß einen verschwommenen Eindruck von Mrs Wilkins bekommen, denn die andere hatte allein geredet, und ihr Eindruck war der einer so verschüchterten und unbeholfenen Person gewesen, daß es das beste schien, ihr keine Aufmerksamkeit zu schenken. Sie vermochte nicht einmal ganz normal auf Wiedersehn zu sagen, ohne dabei Qualen auszustehen, rot zu werden und ins Schwitzen zu geraten. Und darum blickte sie die Sprecherin einigermaßen verwundert an; und ihre Verwunderung wuchs noch, als Mrs Wilkins sie offen und geradezu bewundernd anschaute und im Brustton der Überzeugung, die geäußert sein will, hinzufügte: »Mir war nicht klar, daß Sie so hübsch sind.«

Sie starrte Mrs Wilkins an. Gewöhnlich sagte man ihr dies nicht so frank und frei. Obwohl sie von Komplimenten verwöhnt war – wie sollte sie es nicht sein nach geschlagenen achtundzwanzig Jahren –, verwunderte sie die Offenheit, mit der es geschah, und das von einer Frau.

»Sehr freundlich von Ihnen, daß Sie das denken«, sagte sie.

»Aber Sie *sind* wunderschön«, sagte Mrs Wilkins. »Wirklich, ganz wunderschön.«

»Hoffentlich«, sagte Mrs Arbuthnot in liebenswürdigem Ton, »machen Sie das Beste daraus.«

Lady Caroline starrte darauf Mrs Arbuthnot an. »Oh, ja«, sagte sie. »Ich mache das Beste daraus. Tue ich, seit ich denken kann.«

»Weil es nämlich«, sagte Mrs Arbuthnot lächelnd und hob warnend den Zeigefinger, »nicht ewig währt.«

Lady Caroline mußte nun befürchten, diese zwei Damen seien exzentrisch. Wenn das stimmte, würde sie sich langweilen. Nichts langweilte sie so sehr wie Leute, die darauf bestanden, exzentrisch zu sein, sich wie Kletten an sie hängten und sie dumm herumstehen ließen. Und die eine, die Bewundererin – es würde lästig werden, wenn die ihr ständig auf den Fersen blieb, um sie anzuschauen. Sie wünschte sich von diesen Ferien ein Wegkommen von allem Bisherigen, sie wünschte sich Erholung durch völligen Kontrast. Bewundert und beharrlich verfolgt zu werden war kein Kontrast, es war das Ewiggleiche; und sich mit zwei Exzentrikerinnen zusammengesperrt zu finden oben auf einem steilen Hügel in einem mittelalterlichen Castello, das ausdrücklich zum Zweck erbaut worden war, ein leichtes Ein und Aus zu verhindern, würde, befürchtete sie, nicht besonders erholsam sein. Vielleicht sollte sie lieber weniger entgegenkommend sein. Sie waren ihr als solch ängstliche Geschöpfe erschienen, selbst die Dunkle – sie konnte sich nicht an ihre Namen erinnern –, damals im Club, daß sie es für ungefährlich gehalten hatte, betont freundlich zu sein. Nun waren sie hier bereits aus ihren Schalen geschlüpft; mit einem Mal. Und nichts von Ängstlichkeit bei ihnen festzustellen. Wenn sie denn beim allerersten Kontakt so rasch aus ihren Schalen geschlüpft waren, würden sie sich ihr, wenn nicht im Zaum gehalten, bald aufdrängen, und dann hieße es Abschied nehmen vom Traum ihrer dreißig stillen erholsamen Tage, wo sie ungestört in der Sonne lag, ihren inneren Frieden fand und nicht angequatscht, hofiert und total in Beschlag genommen wurde, sondern sich einfach von der Mattigkeit erholte, der tiefen, düsteren Mattigkeit des Zuviels.

Außerdem gab es noch Mrs Fisher. Auch sie mußte im Zaum gehalten werden. Lady Caroline war aus zwei Gründen zwei

Tage früher als abgemacht aufgebrochen: Erstens wollte sie vor den anderen ankommen, um sich das Zimmer oder die Zimmer auszusuchen, die ihr am meisten zusagten, und zweitens hielt sie es für wahrscheinlich, daß sie sonst mit Mrs Fisher hätte reisen müssen. Sie wollte nicht mit Mrs Fisher reisen. Ebensowenig mit Mrs Fisher ankommen. Sie sah überhaupt keinen Grund, warum sie auch nur einen Augenblick lang etwas mit Mrs Fisher zu tun haben sollte.

Unglücklicherweise war aber Mrs Fisher ebenfalls von dem Verlangen erfüllt, als erste in San Salvatore anzukommen und sich das Zimmer oder die Zimmer auszusuchen, die ihr am meisten zusagten, und sie und Lady Caroline waren schließlich doch zusammen gereist. Bereits in Calais begannen sie es zu vermuten; in Paris zu befürchten; in Modane wurde es Gewißheit; in Mezzago versuchten sie es zu verbergen, indem sie in zwei separaten Droschken nach Castagneto fuhren, wobei die Nase der einen während der Fahrt fast den Nacken der anderen berührte. Aber als der Weg plötzlich vor der Kirche und den Stufen endete, war weiteres Ausweichen unmöglich; und angesichts dieses jähen und schwierigen Finales ihrer Reise blieb ihnen nichts anderes übrig, als sich zusammenzutun.

Wegen Mrs Fishers Stock mußte sich Lady Caroline um alles kümmern. Im Planen sei sie zwar rege, erklärte Mrs Fisher aus ihrer Droschke, nachdem ihr die Situation klargeworden war, aber leider verhindere ihr Stock die Ausführung. Die beiden Kutscher sagten Lady Caroline, Jungen aus dem Dorf müßten das Gepäck zum Castello hinauftragen, und sie machte sich auf die Suche nach ihnen, während Mrs Fisher wegen ihres Stockes in der Droschke wartete. Mrs Fisher konnte Italienisch, aber nur, wie sie erläuterte, Dantes Italienisch, das Matthew Arnold mit ihr zu lesen pflegte, als sie ein kleines Mädchen war, und sie glaubte, das gehe wohl über die Köpfe der Jungen. Und darum war Lady Caroline, sie konnte sehr gut das ganz normale Italienisch, offensichtlich diejenige, die alles erledigen mußte.

»Ich bin in Ihren Händen«, sagte Mrs Fisher, die ruhig in ihrer Droschke saß. »Bitte sehen Sie in mir nur eine alte Frau mit Stock.«

Und wenig später, als es die Stufen und das Kopfsteinpflaster zu der Piazza hinunter und den Kai entlangging, dann den Zickzackweg hoch, sah Lady Caroline sich gezwungen, so langsam mit Mrs Fisher zu wandeln, als wäre es ihre eigene Großmutter.

»Tja, mein Stock«, bemerkte Mrs Fisher hin und wieder selbstzufrieden.

Und als sie sich an einer Biegung des Zickzackweges, wo Plätze waren, ausruhten, und Lady Caroline, die gern weitergelaufen wäre, um schnell ganz nach oben zu gelangen, aus Menschlichkeit genötigt war, wegen des Stockes bei Mrs Fisher zu bleiben, erzählte ihr Mrs Fisher, wie sie einmal mit Tennyson auf einem Zickzackweg spaziert war.

»Ist sein ›Heimchen am Herd‹ nicht wunderbar?« fragte Lady Caroline geistesabwesend.

»*Der* Tennyson«, sagte Mrs Fisher, wandte ihr den Kopf zu und beobachtete sie einen Augenblick lang über ihre Brille.

»Nicht?« sagte Lady Caroline.

»Ich spreche von Alfred«, sagte Mrs Fisher.

»Oh«, sagte Lady Caroline.

»Und es war auch ein Weg«, fuhr Mrs Fisher unnachsichtig fort, »seltsamerweise wie der hier. Kein Eukalyptus natürlich, ansonsten aber seltsamerweise wie der hier. Und an einer Biegung wandte er sich mir zu und sagte – ich sehe genau, wie er sich mir zuwendet und sagt ...«

Ja, Mrs Fisher mußte im Zaum gehalten werden. Ebenso diese beiden am Fenster. Vielleicht besser, gleich damit anzufangen.

Sie bedauerte es, daß sie ihre Mauer verlassen hatte. Sie hätte ihnen bloß zuwinken und warten sollen, bis sie zu ihr in den Garten hinuntergekommen wären.

Und so ignorierte sie Mrs Arbuthnots Bemerkung und den erhobenen Zeigefinger und sagte betont kühl – zumindest versuchte sie, es kühl klingen zu lassen –, vermutlich gingen sie jetzt frühstücken, was sie schon getan habe; aber ihr Los war es, daß ihre Worte, wie kühl sie auch beabsichtigt waren, immer warm und liebenswürdig klangen. Sie hatte nämlich eine einnehmende und bezaubernde Stimme, was einzig und allein auf eine spezielle Formation der Kehle und des Gaumens zurückzuführen war und überhaupt nichts mit dem zu tun hatte, was sie gerade fühlte. Folglich glaubte nie jemand, er werde barsch angefahren. Es war richtig lästig. Und wenn sie einen eisigen Blick wagte, wirkte er überhaupt nicht eisig, denn ihre Augen, liebliche Augen, um es gleich zu sagen, hatten als zusätzlichen Liebreiz lange, sanfte, dunkle Wimpern. Kein eisiger Blick konnte aus Augen wie diesen dringen; er wurde aufgefangen in den sanften Wimpern, und die Angestarrten dachten nur, daß man sie mit einer schmeichelhaften und erlesenen Aufmerksamkeit betrachtete. Und war sie je schlecht gelaunt oder richtig verärgert – und wer ist das nicht manchmal in dieser Welt? –, sah sie nur so traurig aus, daß jedermann auf sie zueilte, um sie zu trösten, wenn möglich mit einem Kuß. Es war mehr als lästig, es war zum Verrücktwerden. Die Natur hatte entschieden, ihr Aussehen und ihre Stimme sollten engelhaft sein. Sie konnte nie unliebsam oder grob sein, ohne völlig mißverstanden zu werden.

»Ich habe auf meinem Zimmer gefrühstückt«, sagte sie und tat ihr möglichstes, um schroff zu klingen. »Vielleicht sehe ich Sie später.«

Sie nickte ihnen zu und ging zurück zu ihrem Platz auf der Mauer, wo die Lilien sich so angenehm kühl um ihre Füße schmiegten.

Juli-Schwermut

Blumen des sommers duftet ihr noch so reich:
Ackerwinde im herben saatgeruch
Du ziehst mich nach am dorrenden geländer
Mir ward der stolzen gärten sesam fremd.

Aus dem vergessen lockst du träume: das kind
Auf keuscher scholle rastend des ährengefilds
In ernte-gluten neben nackten schnittern
Bei blanker sichel und versiegtem krug.

Schläfrig schaukelten wespen im mittagslied
Und ihm träufelten auf die gerötete stirn
Durch schwachen schutz der halme-schatten
Des mohnes blätter: breite tropfen blut.

Nichts was mir je war raubt die vergänglichkeit.
Schmachtend wie damals lieg ich in schmachtender flur
Aus mattem munde murmelt es: wie bin ich
Der blumen müd, der schönen blumen müd!

Aus dem Leben eines Taugenichts

Dicht am herrschaftlichen Garten ging die Landstraße vorüber, nur durch eine hohe Mauer von derselben geschieden. Ein gar sauberes Zollhäuschen mit rotem Ziegeldache war da erbaut und hinter demselben ein kleines, buntumzäuntes Blumengärtchen, das durch eine Lücke in der Mauer des Schloßgartens hindurch an den schattigsten und verborgensten Teil des letzteren stieß. Dort war eben der Zolleinnehmer gestorben, der das alles sonst bewohnte. Da kam eines Morgens frühzeitig, da ich noch im tiefsten Schlafe lag, der Schreiber vom Schlosse zu mir und rief mich schleunigst zum Herrn Amtmann. Ich zog mich geschwind an und schlenderte hinter dem luftigen Schreiber her, der unterwegs bald da bald dort eine Blume abbrach und vorn an den Rock steckte, bald mit seinem Spazierstöckchen künstlich in der Luft herumfocht und allerlei zu mir in den Wind hineinparlierte, wovon ich aber nichts verstand, weil mir die Augen und Ohren noch voller Schlaf lagen. Als ich in die Kanzlei trat, wo es noch gar nicht recht Tag war, sah der Amtmann hinter einem ungeheuren Tintenfasse und Stößen von Papier und Büchern und einer ansehnlichen Perücke, wie die Eule aus ihrem Nest, auf mich und hob an: »Wie heißt Er? Woher ist Er? Kann Er schreiben, lesen und rechnen?« Da ich das bejahte, versetzte er: »Na, die gnädige Herrschaft hat Ihm, in Betrachtung seiner guten Aufführung und besondern Meriten, die ledige Einnehmerstelle zugedacht.« – Ich überdachte in der Geschwindigkeit für mich meine bisherige Aufführung und Manieren, und ich mußte gestehen, ich fand am Ende selber, daß der Amtmann recht hatte. – Und so war ich denn wirklich Zolleinnehmer, ehe ich michs versah. Ich bezog nun sogleich meine neue Wohnung und war in kurzer Zeit eingerichtet. Ich hatte noch mehrere Gerätschaften gefunden, die der selige Einnehmer seinem Nachfolger hinterlassen, unter andern einen prächtigen roten Schlafrock mit gelben Punkten, grüne Pantoffeln, eine Schlafmütze und einige Pfeifen mit langen Röhren. Das alles hatte ich mir schon einmal gewünscht, als ich noch zu Hause war, wo ich immer unsern Pfarrer so bequem herumgehen sah. Den ganzen Tag (zu tun hatte ich weiter nichts) saß ich daher auf dem Bänkchen vor meinem Hause in Schlafrock und Schlafmütze, rauchte Tabak aus dem längsten Rohre, das ich von dem seligen Einnehmer vorgefunden hatte, und sah zu, wie die Leute auf der Landstraße hin und her gingen, fuhren und ritten. Ich wünschte nur immer, daß auch einmal ein paar Leute aus meinem Dorfe, die immer sagten, aus mir würde mein Lebtage nichts, hier vorüberkommen und mich so sehen möchten. Der Schlafrock stand mir schön zu Gesichte, und überhaupt das alles behagte mir sehr gut. So saß ich denn da und dachte mir mancherlei hin und her, wie aller Anfang schwer ist, wie das vornehmere Leben doch eigentlich recht bequem sei, und faßte heimlich den Entschluß, nunmehr alles Reisen zu lassen, auch Geld zu sparen wie die andern und es mit der Zeit gewiß zu etwas Großem in der Welt zu bringen. Inzwischen vergaß ich über meinen Entschlüssen, Sorgen und Geschäften die allerschönste Frau keineswegs.

Die Kartoffeln und anderes Gemüse, das ich in meinem kleinen Gärtchen fand, warf ich hinaus und bebaute es ganz mit den auserlesensten Blumen, worüber mich der Portier vom Schlosse mit der großen kurfürstlichen Nase, der, seitdem ich hier wohnte, oft zu mir kam und mein intimer Freund geworden war, bedenklich von der Seite ansah und mich für einen hielt, den sein plötzliches Glück verrückt gemacht hätte. Ich aber ließ mich das nicht anfechten. Denn nicht weit von mir im herrschaftlichen Garten hörte ich feine Stimmen sprechen, unter denen ich die meiner schönen Frau zu erkennen meinte, obgleich ich wegen des dichten Gebüsches niemand sehen konnte. Da band ich denn alle Tage einen Strauß von den schönsten Blumen, die ich hatte, stieg jeden Abend, wenn es dunkel wurde, über die Mauer und legte ihn auf einen steinernen Tisch hin, der dort inmitten einer Laube stand; und jeden Abend, wenn ich den neuen Strauß brachte, war der alte von dem Tische fort.

Eines Abends war die Herrschaft auf die Jagd geritten; die Sonne ging eben unter und bedeckte das ganze Land mit Glanz und Schimmer, die Donau schlängelte sich prächtig wie von lauter Gold und Feuer in die weite Ferne, von allen Bergen bis tief ins Land hinein sangen und jauchzten die Winzer. Ich saß mit dem Portier auf dem Bänkchen vor meinem Hause und freute mich in der lauen Luft, wie der lustige Tag so langsam vor uns verdunkelte und verhallte. Da ließen sich auf einmal die Hörner der zurückkehrenden Jäger von ferne vernehmen, die von den Bergen gegenüber einander von Zeit zu Zeit lieblich Antwort gaben. Ich war recht im innersten Herzen vergnügt und sprang auf und rief wie bezaubert und verzückt vor Lust: »Nein, das ist mir doch ein Metier, die edle Jägerei!« Der Portier aber klopfte sich ruhig die Pfeife aus und sagte: »Das denkt Ihr Euch just so. Ich habe es auch mitgemacht, man verdient sich kaum die Sohlen, die man sich abläuft; und Husten und Schnupfen wird man erst gar nicht los, das kommt von den ewig nassen Füßen.« – Ich weiß nicht, mich packte da ein närrischer Zorn, daß ich ordentlich am ganzen Leibe zitterte. Mir war auf einmal der ganze Kerl mit seinem langweiligen Mantel, die ewigen Füße, sein Tabaksschnupfen, die große Nase und alles abscheulich. – Ich faßte ihn, wie außer mir, bei der Brust und sagte: »Portier, jetzt schert Euch nach Hause, oder ich prügle Euch hier sogleich durch!« Den Portier überfiel bei diesen Worten seine alte Meinung, ich wäre verrückt geworden. Er sah mich bedenklich und mit heimlicher Furcht an, machte sich, ohne ein Wort zu sprechen, von mir los und ging, immer noch unheimlich nach mir zurückblikkend, mit langen Schritten nach dem Schlosse, wo er atemlos aussagte, ich sei nun wirklich rasend geworden.

Ich aber mußte am Ende laut auflachen und war herzlich froh, den superklugen Gesellen los zu sein, denn es war gerade die Zeit, wo ich den Blumenstrauß immer in die Laube zu legen pflegte. Ich sprang auch heute schnell über die Mauer und ging eben auf das steinerne Tischchen los, als ich in einiger Entfernung Pferdetritte vernahm. Entspringen konnt ich nicht mehr, denn schon kam meine schöne, gnädige Frau selber, in einem grünen Jagdhabit und mit nickenden Federn auf dem Hute, langsam und, wie es schien, in tiefen Gedanken die Allee herabgeritten. Es war mir nicht anders zumute, als da ich sonst in den alten Büchern bei meinem Vater von der schönen Magelone gelesen, wie sie so zwischen den immer näher schallenden Waldhornsklängen und wechselnden Abendlichtern unter den hohen Bäumen hervorkam – ich konnte nicht vom Fleck. Sie aber erschrak heftig, als sie mich auf einmal gewahr wurde, und hielt fast unwillkürlich still. Ich war wie betrunken vor Angst, Herzklopfen und großer Freude, und da ich bemerkte, daß sie wirklich meinen Blumenstrauß von gestern an der Brust hatte, konnte ich mich nicht länger halten, sondern sagte ganz verwirrt: »Schönste gnädige Frau, nehmt auch noch diesen Blumenstrauß von mir und alle Blumen aus meinem Garten und alles, was ich habe. Ach, könnt ich nur für Euch ins Feuer springen!« – Sie hatte mich gleich anfangs so ernsthaft und fast böse angeblickt, daß es mir durch Mark und Bein ging, dann aber hielt sie, solange ich redete, die Augen tief niedergeschlagen. Soeben ließen sich einige Reiter und Stimmen im Gebüsch hören. Da ergriff sie schnell den Strauß aus meiner Hand und war bald, ohne ein Wort zu sagen, am andern Ende des Bogenganges verschwunden.

Seit diesem Abend hatte ich weder Ruh noch Rast mehr. Es war mir beständig zumute wie sonst immer, wenn der Frühling anfangen sollte, so unruhig und fröhlich, ohne daß ich es wußte warum, als stünde mir ein großes Glück oder sonst etwas Außerordentliches bevor. Besonders das fatale Rechnen wollte mir nun erst gar nicht mehr von der Hand, und ich hatte, wenn der Sonnenschein durch den Kastanienbaum vor dem Fenster grüngolden auf die Ziffern fiel und so fix vom Transport bis zum Latus und wieder hinauf und hinab addierte, gar seltsame Gedanken dabei, so daß ich manchmal ganz verwirrt wurde und wahrhaftig nicht bis drei zählen konnte. Denn die Acht kam mir immer vor wie meine dicke, enggeschnürte Dame mit dem breiten Kopfputz, die böse Sieben war gar wie ein ewig rückwärts zeigender Wegweiser oder Galgen. – Am meisten Spaß machte mir noch die Neun, die sich mir so oft, eh ich michs versah, lustig als Sechs auf den Kopf stellte, während die Zwei wie ein Fragezeichen so pfiffig dreinsah, als wollte sie mich fragen: Wo soll das am Ende noch hinaus mit dir, du arme Null? Ohne sie, diese schlanke Eins und alles, bleibst du doch ewig nichts!

Auch das Sitzen draußen vor der Tür wollte mir nicht mehr behagen. Ich nahm mir, um es bequemer zu haben, einen Schemel mit heraus und streckte die Füße darauf, ich flickte ein altes Parasol vom Einnehmer und steckte es gegen die Sonne wie ein chinesisches Lusthaus über mich. Aber es half nichts. Es schien mir, wie ich so saß und rauchte und spekulierte, als würden mir allmählich die Beine immer länger vor Langeweile und die Nase wüchse mir vom Nichtstun, wenn ich so stundenlang an ihr heruntersah. – Und wenn denn manchmal noch vor Tagesanbruch eine Extrapost vorbeikam, und ich trat halb verschlafen in die kühle Luft hinaus, und ein niedliches Gesichtchen, von dem man in der Dämmerung nur die funkelnden Augen sah, bog sich neugierig zum Wagen hervor und bot mir freundlich einen guten Morgen, in den Dörfern aber ringsumher krähten die Hähne so frisch über die leise wogenden Kornfelder herüber, und zwischen den Morgenstreifen hoch am Himmel schweiften schon einzelne zu früh erwachte Lerchen, und der Postillion nahm dann sein Posthorn und fuhr weiter und blies und blies – da stand ich lange und sah dem Wagen nach, und es war mir nicht anders, als müßte ich nur sogleich mit fort, weit, weit in die Welt.

Meine Blumensträuße legte ich indes immer noch, sobald die Sonne unterging, auf den steinernen Tisch in der dunkeln Laube. Aber das war es eben: damit war es nun aus seit jenem Abend. Kein Mensch kümmerte sich darum: so oft ich des Morgens frühzeitig nachsah, lagen die Blumen noch immer da wie gestern und sahen mich mit ihren verwelkten, niederhängenden

Köpfchen und daraufstehenden Tautropfen ordentlich betrübt an, als ob sie weinten. – Das verdroß mich sehr. Ich band gar keinen Strauß mehr. In meinem Garten mochte nun auch das Unkraut treiben wie es wollte, und die Blumen ließ ich ruhig stehen und wachsen, bis der Wind die Blätter verwehte. War mirs doch ebenso wild und bunt und verstört im Herzen.

In diesen kritischen Zeitläuften geschah es denn, daß einmal, als ich eben zu Hause im Fenster liege und verdrießlich in die leere Luft hinaussehe, die Kammerjungfer vom Schlosse über die Straße dahergetrippelt kommt. Sie lenkte, da sie mich erblickte, schnell zu mir ein und blieb am Fenster stehen. – »Der gnädige Herr ist gestern von seiner Reise zurückgekommen«, sagte sie eilfertig. – »So?« entgegnete ich verwundert – denn ich hatte mich schon seit einigen Wochen um nichts bekümmert und wußte nicht einmal, daß der Herr auf Reisen war –, »da wird seine Tochter, die junge gnädige Frau, auch große Freude gehabt haben.« – Die Kammerjungfer sah mich kurios von oben bis unten an, so daß ich mich ordentlich selber besinnen mußte, ob ich was Dummes gesagt hätte. – »Er weiß aber auch gar nichts«, sagte sie endlich und rümpfte das kleine Näschen. »Nun«, fuhr sie fort, »es soll heute abend dem Herrn zu Ehren Tanz im Schlosse sein und Maskerade. Meine gnädige Frau wird auch maskiert sein, als Gärtnerin – versteht Er auch recht – als Gärtnerin. Nun hat die gnädige Frau gesehen, daß Er besonders schöne Blumen hat in Seinem Garten.« – Das ist seltsam, dachte ich bei mir selbst, man sieht doch jetzt fast keine Blume mehr vor Unkraut. – Sie aber fuhr fort: »Da nun die gnädige Frau schöne Blumen zu ihrem Anzuge braucht, aber ganz frische, die eben vom Beete kommen, so soll Er ihr welche bringen und damit heute abend, wenns dunkel geworden ist, unter dem großen Birnbaum im Schloßgarten warten, da wird sie dann kommen und die Blumen abholen.«

Ich war ganz verblüfft vor Freude über diese Nachricht und lief in meiner Entzückung vom Fenster zu der Kammerjungfer hinaus.

»Pfui, der garstige Schlafrock!« rief sie aus, da sie mich auf einmal so in meinem Aufzuge im Freien sah. Das ärgerte mich, ich wollte auch nicht dahinter bleiben in der Galanterie und machte einige artige Kapriolen, um sie zu erhaschen und zu küssen. Aber unglücklicherweise verwickelte sich mir dabei der Schlafrock, der mir viel zu lang war, unter den Füßen, und ich fiel der Länge nach auf die Erde. Als ich mich wieder zusammenraffte, war die Kammerjungfer schon weit fort, und ich hörte sie noch von fern lachen, daß sie sich die Seiten halten mußte.

Nun aber hatt' ich was zu sinnen und mich zu freuen. Sie dachte ja noch immer an mich und meine Blumen! Ich ging in mein Gärtchen und riß hastig alles Unkraut von den Beeten und warf es hoch über meinen Kopf weg in die schimmernde Luft, als zög ich alle Übel und Melancholie mit der Wurzel heraus. Die Rosen waren nun wieder wie *ihr* Mund, die himmelblauen Winden wie *ihre* Augen, die schneeweiße Lilie mit ihrem schwermütig gesenkten Köpfchen sah ganz aus wie *sie.* Ich legte alle sorgfältig in einem Körbchen zusammen. Es war ein stiller, schöner Abend und kein Wölkchen am Himmel. Einzelne Sterne traten schon am Firmamente hervor, von weitem rauschte die Donau über die Felder herüber, in den hohen Bäumen im herrschaftlichen Garten neben mir sangen unzählige Vögel lustig durcheinander. Ach, ich war so glücklich!

Als endlich die Nacht hereinbrach, nahm ich mein Körbchen an den Arm und machte mich auf den Weg nach dem großen Garten. In dem Körbchen lag alles so bunt und anmutig durcheinander, weiß, rot, blau und duftig, daß mir ordentlich das Herz lachte, wenn ich hineinsah.

Ich ging voller fröhlicher Gedanken bei dem schönen Mondschein durch die stillen, reinlich mit Sand bestreuten Gänge über die kleinen weißen Brücken, unter denen die Schwäne eingeschlafen auf dem Wasser saßen, an den zierlichen Lauben und Lusthäusern vorüber. Den großen Birnbaum hatte ich gar bald aufgefunden, denn es war derselbe, unter dem ich sonst, als ich noch Gärtnerbursche war, an schwülen Nachmittagen gelegen.

Hier war es so einsam dunkel. Nur eine hohe Espe zitterte und flüsterte mit ihren silbernen Blättern in einem fort. Vom Schlosse schaute manchmal die Tanzmusik herüber. Auch Menschenstimmen hörte ich zuweilen im Garten, die kamen oft ganz nahe an mich heran, dann wurde es auf einmal wieder ganz still.

Mir klopfte das Herz. Es war mir schauerlich und seltsam zumute, als wenn ich jemand bestehlen wollte. Ich stand lange Zeit stockstill an den Baum gelehnt und lauschte nach allen Seiten, da aber immer niemand kam, konnte ich es nicht länger aushalten. Ich hing mein Körbchen an den Arm und kletterte schnell auf den Birnbaum hinauf, um wieder im Freien Luft zu schöpfen.

Da droben schallte mir die Tanzmusik erst recht über die Wipfel entgegen. Ich übersah den ganzen Garten und gerade in die hellerleuchteten Fenster des Schlosses hinein. Dort drehten sich die Kronleuchter langsam wie Kränze von Sternen, unzählige geputzte Herren und Damen, wie in einem Schattenspiele, wogten und walzten und wirrten da bunt und unkenntlich durcheinander, manchmal legten sich welche ins Fenster und sahen hinunter in den Garten. Draußen vor dem Schlosse aber waren der Rasen, die Sträucher und die Bäume von den vielen Lichtern aus dem Saale wie vergoldet, so daß ordentlich die Blumen und die Vögel aufzuwachen schienen. Weiterhin um mich herum und hinter mir lag der Garten so schwarz und still.

Da tanzt *sie* nun, dacht ich in dem Baume droben bei mir selber, und hat gewiß lange dich und deine Blumen wieder vergessen. Alles ist so fröhlich, um dich kümmert sich kein Mensch. – Und so geht es mir überall und immer. Jeder hat sein Plätzchen auf der Erde ausgesteckt, hat seinen warmen Ofen, seine Tasse Kaffee, seine Frau, sein Glas Wein zu Abend und ist so recht zufrieden; selbst dem Portier ist ganz wohl in seiner langen Haut. – Mir ists nirgends recht. Es ist, als wäre ich überall eben zu spät gekommen, als hätte die ganze Welt gar nicht auf mich gerechnet.

Wie ich eben so philosophiere, höre ich auf einmal unten im Grase etwas einherrascheln. Zwei feine Stimmen sprachen ganz nahe und leise miteinander. Bald darauf bogen sich die Zweige in dem Gesträuch auseinander, und die Kammerjungfer steckte ihr kleines Gesichtchen, sich nach allen Seiten umsehend, zwischen der Laube hindurch. Der Mondschein funkelte recht auf ihren pfiffigen Augen, wie sie hervorguckten. Ich hielt den Atem an und blickte unverwandt hinunter. Es dauerte auch nicht lange, so trat wirklich die Gärtnerin, ganz so wie sie die Kammerjungfer gestern beschrieben hatte, zwischen den Bäumen heraus. Mein Herz klopfte mir zum Zerspringen. Sie aber hatte eine Larve vor und sah sich, wie mir schien, verwundert auf dem Platz um. – Da wollts mir vorkommen, als wäre sie gar nicht recht schlank und niedlich. – Endlich trat sie ganz nahe an den Baum und nahm die Larve ab. – Es war wahrhaftig die andere, ältere gnädige Frau!

Wie froh war ich nun, als ich mich vom ersten Schreck erholt hatte, daß ich mich hier oben in Sicherheit befand. Wie in aller Welt, dachte ich, kommt *die* nur jetzt hierher? wenn nun die liebe schöne gnädige Frau die Blumen abholt – das wird eine schöne Geschichte werden! Ich hätte am Ende weinen mögen vor Ärger über den ganzen Spektakel.

Indem hub die verkappte Gärtnerin unten an: »Es ist so stikkend heiß droben im Saale, ich mußte gehen, mich ein wenig abzukühlen in der freien, schönen Natur.« Dabei fächelte sie sich mit der Larve in einem fort und blies die Luft von sich. Bei dem hellen Mondschein konnte ich deutlich erkennen, wie ihr die Flechsen am Halse ordentlich aufgeschwollen waren; sie sah ganz erbost aus und ziegelrot im Gesicht. Die Kammerjungfer suchte unterdes hinter allen Hecken herum, als hätte sie eine Stecknadel verloren.

»Ich brauche so notwendig noch frische Blumen zu meiner Maske«, fuhr die Gärtnerin von neuem fort, »wo er auch stecken mag!« – Die Kammerjungfer suchte und kicherte dabei immerfort heimlich in sich selbst hinein. – »Sagtest du was, Rosette?« fragte die Gärtnerin spitzig. – »Ich sage, was ich immer gesagt habe«, erwiderte die Kammerjungfer und machte ein ganz ernsthaftes, treuherziges Gesicht, »der ganze Einnehmer ist und bleibt ein Lümmel, er liegt gewiß irgendwo hinter einem Strauche und schläft.«

Mir zuckte es in allen meinen Gliedern, herunterzuspringen und meine Reputation zu retten – da hörte man auf einmal ein großes Pauken und Musizieren und Lärmen vom Schlosse her.

Nun hielt sich die Gärtnerin nicht länger. »Da bringen die Menschen«, fuhr sie verdrießlich auf, »dem Herrn das Vivat. Komm, man wird uns vermissen!« – Und hiermit steckte sie die Larve schnell vor und ging wütend mit der Kammerjungfer nach dem Schlosse zu fort. Die Bäume und Sträucher wiesen kuriose, wie mit langen Nasen und Fingern, hinter ihr drein, der Mondschein tanzte noch fix, wie über eine Klaviatur, über ihre breite Taille auf und nieder, und so nahm sie, so recht wie ich auf dem Theater manchmal die Sängerinnen gesehn, unter Trompeten und Pauken schnell ihren Abzug.

Ich aber wußte in meinem Baume droben eigentlich gar nicht recht, wie mir geschehen, und richtete nunmehr meine Augen unverwandt auf das Schloß hin; denn ein Kreis hoher Windlichter unten an den Stufen des Einganges warf dort einen seltsamen Schein über die blitzenden Fenster und weit in den Garten hinein. Es war die Dienerschaft, die soeben ihrer jungen Herrschaft ein Ständchen brachte. Mitten unter ihnen stand der prächtig aufgeputzte Portier wie ein Staatsminister vor einem Notenpulte und arbeitete sich emsig an einem Fagott ab.

Wie ich mich soeben zurechtsetzte, um der schönen Serenade zuzuhören, gingen auf einmal oben auf dem Balkone des Schlosses die Flügeltüren auf. Ein hoher Herr, schön und stattlich in Uniform und mit vielen funkelnden Sternen, trat auf den Balkon heraus und an seiner Hand – die schöne junge gnädige Frau, in ganz weißem Kleide, wie eine Lilie in der Nacht oder wie wenn der Mond über das klare Firmament zöge.

Ich konnte keinen Blick von dem Platze wenden, und Garten, Bäume und Felder gingen unter vor meinen Sinnen, wie sie so wundersam beleuchtet von den Fackeln hoch und schlank dastand und bald anmutig mit dem schönen Offizier sprach, bald wieder freundlich zu den Musikanten herunter nickte. Die Leute unten waren außer sich vor Freude, und ich hielt mich am Ende auch nicht mehr und schrie immer aus Leibeskräften Vivat mit.

Als sie aber bald darauf wieder von dem Balkon verschwand, unten eine Fackel nach der andern verlöschte und die Notenpulte weggeräumt wurden und nun der Garten ringsumher auch wieder finster wurde und rauschte wie vorher – da merkt ich erst alles – da fiel es mir auf einmal aufs Herz, daß mich wohl eigentlich nur die Tante mit den Blumen bestellt hatte, daß die Schöne gar nicht an mich dachte und lange verheiratet ist, und daß ich selber ein großer Narr war.

Alles das versenkte mich recht in einen Abgrund von Nachsinnen. Ich wickelte mich, gleich einem Igel, in die Stacheln meiner eigenen Gedanken zusammen; vom Schlosse schallte die Tanzmusik nur noch seltner herüber, die Wolken wanderten einsam über den dunkeln Garten weg. Und so saß ich auf dem Baume droben, wie die Nachteule, in den Ruinen meines Glücks die ganze Nacht hindurch.

Die kühle Morgenluft weckte mich endlich aus meinen Träumereien. Ich erstaunte ordentlich, wie ich so auf einmal um mich her blickte. Musik und Tanz war lange vorbei, im Schlosse und rings um das Schloß herum auf dem Rasenplatze und den steinernen Stufen und Säulen sah alles so still, kühl und feierlich aus; nur der Springbrunnen vor dem Eingange plätscherte einsam in einem fort. Hin und her in den Zweigen neben mir erwachten schon die Vögel, schüttelten ihre bunten Federn und sahen, die kleinen Flügel dehnend, neugierig und verwundert ihren seltsamen Schlafkameraden an. Fröhlich schweifende Morgenstrahlen funkelten über den Garten weg auf meine Brust.

Da richtete ich mich in meinem Baume auf und sah seit langer Zeit zum ersten Male wieder einmal so recht weit in das Land hinaus, wie da schon einzelne Schiffe auf der Donau zwischen den Weinbergen herabfuhren und die noch leeren Landstraßen wie Brücken über das schimmernde Land sich fern über die Berge und Täler hinausschwangen.

Ich weiß nicht, wie es kam – aber mich packte da auf einmal wieder meine ehemalige Reiselust: alle die alte Wehmut und Freude und große Erwartung. Mir fiel dabei zugleich ein, wie nun die schöne Frau droben auf dem Schlosse zwischen Blumen und unter seidnen Decken schlummerte und ein Engel bei ihr auf dem Bette säße in der Morgenstille. – Nein, rief ich aus, fort muß ich von hier, und immer fort, so weit als der Himmel blau ist!

Und hiermit nahm ich mein Körbchen und warf es hoch in die Luft, so daß es recht lieblich anzusehen war, wie die Blumen zwischen den Zweigen und auf dem grünen Rasen unten bunt umherlagen. Dann stieg ich selber schnell herunter und ging durch den stillen Garten auf meine Wohnung zu. Gar oft blieb ich da noch stehen auf manchem Plätzchen, wo ich sie sonst wohl einmal gesehen oder im Schatten liegend an sie gedacht hatte.

In und um mein Häuschen sah alles noch so aus, wie ich es gestern verlassen hatte. Das Gärtchen war geplündert und wüst, im Zimmer drin lag noch das große Rechnungsbuch aufgeschlagen, meine Geige, die ich schon fast ganz vergessen hatte, hing verstaubt an der Wand. Ein Morgenstrahl aber aus dem gegenüberstehenden Fenster fuhr gerade blitzend über die Saiten. Das gab einen rechten Klang in meinem Herzen. Ja, sagt ich, komm nur her, du getreues Instrument! Unser Reich ist nicht von dieser Welt!

Und so nahm ich die Geige von der Wand, ließ Rechnungsbuch, Schlafrock, Pantoffeln, Pfeifen und Parasol liegen und wanderte, arm wie ich gekommen war, aus meinem Häuschen und auf der glänzenden Landstraße von dannen.

Ich blickte noch oft zurück; mir war gar seltsam zumute, so traurig und doch auch wieder so überaus fröhlich, wie ein Vogel, der aus seinem Käfig ausreißt. Und als ich schon eine weite Strecke gegangen war, nahm ich draußen im Freien meine Geige vor und sang:

Den lieben Gott laß ich nur walten;
Der Bächlein, Lerchen, Wald und Feld
Und Erd und Himmel tut erhalten,
Hat auch mein Sach aufs best bestellt!

Das Schloß, der Garten und die Türme von Wien waren schon hinter mir im Morgenduft versunken, über mir jubilierten unzählige Lerchen hoch in der Luft; so zog ich zwischen den grünen Bergen und an lustigen Städten und Dörfern vorbei gen Italien hinunter.

Der Sturm

Steht ein Rosenstrauch in deinem Garten
und er ist noch gar nicht grün.
Und du kannst es kaum erwarten,
daß die erste Knospe komme, zart und dünn,
und daß sie verkünde neues Leben.
Wartest, wartest voller Angst und Beben,
bis ein Morgen kommt – und sie ist da.

Und sie ist so fein und schlank und hell,
ganz geschlossen noch und kaum gesehn
und du möchtest, daß sie aufbricht, ganz, ganz schnell,
da du weißt, wie rasch die Zarten untergehn.
Doch es enteilt ein Tag und es enteilt ein zweiter
und die Himmel werden blauer, werden weiter
und die Knospe bricht nicht auf.

Und du weißt: wenn jetzt ein Frost kommt, stirbt sie,
stirbt und hat das Leben nicht gelebt.
Möchtest gerne helfen und weißt doch nicht wie,
fürchtest sehr, daß nicht ein Wind sich hebt,
der sie dir vom Stamme bricht –
in der Nacht, du schläfst und siehst es nicht,
und sie ist bei Tag schon tot.

Kommt dann eine Nacht, und Stürme brausen um dein Haus,
um dein Haus, mit den verschloßnen Toren.
Und du bäumst dich auf und willst und willst hinaus
und dir klingt's wie Wimmern in den Ohren.

Endlich bist du draußen – und du siehst den Rosenstrauch
dir an –
Sieh – es ist die Knospe aufgebrochen.
Was die Sonne nicht vermocht' in langen Wochen,
hat ein einz'ger Sturm getan.

Rosen

Bist du kommen, um zu lieben,
So nimm unsre Blüte wahr,
Wir sind rötend stehn geblieben,
Prangen in dem Frühlingsjahr.
Als ein Zeichen sind die Büsche
Mit den Rosen überstreut,
Daß die Liebe sich erfrische,
Ewig jung sich stets erneut.
Wir sind Lippen, rote Küsse,
Roter Wangen sanfte Glut,
Wir bedeuten Liebesmut,
Wir bezeichnen, wie so süße
Herz und Herz zusammenneigt,
Liebesgunst aus Lippen steigt.
Küsse sind verschönte Rosen
Der Geliebten Blütezeit,
Und ihr süßes, süßes Kosen
Ist der Wünsche schön Geleit,
Wie die Rose Kuß bedeut't,
So bedeut't der edle Kuß
Selbst der Liebe herrlichsten Genuß.
Liebe ist es, die die Röte
Allerwege angefacht,
Liebend kommt die Morgenröte,
Rot steigt nieder jede Nacht:
Rosen sind verschämte Röte,
Sind die Ahndung, sind der Kuß:
In Granaten flammt die Röte,
Brennt in Purpurs voller Pracht,
Deuten uns den innigsten Genuß.

Rosen, ihr blendenden,
Balsam versendenden!
Flatternde, schwebende,
Heimlich belebende,
Zweiglein beflügelte,
Knospen entsiegelte,
Eilet zu blühn.

FRIEDRICH NIETZSCHE

Meine Rosen

Ja! Mein Glück – es will beglücken –,
Alles Glück will ja beglücken!
Wollt ihr meine Rosen pflücken?

Müsst euch bücken und verstecken
Zwischen Fels und Dornenhecken,
Oft die Fingerchen euch lecken!

Denn mein Glück – es liebt das Necken!
Denn mein Glück – es liebt die Tücken! –
– Wollt ihr meine Rosen pflücken?

[Rosenknospen]
Doch wir halten uns versteckt,
Glücklich wer uns frisch entdeckt!
Wenn der Sommer sich entzündet
Rosenknospe sich verkündet,
Wer mag solches Glück entbehren?
Das Versprechen, das Gewähren!
Das beherrscht, in Florens Reich,
Blick und Sinn und Herz zugleich.

FRIEDRICH HÖLDERLIN

An eine Rose

Ewig trägt im Mutterschoße,
Süße Königin der Flur!
Dich und mich die stille, große,
Allbelebende Natur;
Röschen! unser Schmuck veraltet,
Stürm' entblättern dich und mich,
Doch der ewge Keim entfaltet
Bald zu neuer Blüte sich.

Ich und die Rose warten

Vor mir
Auf der dunkelbraunen Tischdecke
Liegt eine große hellgelbe Rose.
Sie wartet mit mir
Auf die Liebste,
Der ich ins schwarze Haar
Sie flechten will.

Wir warten schon eine Stunde.
Die Haustür geht.
Sie kommt, sie kommt.
Doch herein tritt
Mein Freund, der Assessor;
Geschniegelt, gebügelt, wie stets.
Der Assessor will Bürgermeister werden.
Gräßlich sind seine Erzählungen
Über Wahlen, Vereine, Gegenpartei.
Endlich bemerkt er die Blume.
Und seine geierigen,
Perlgrauglacébehandschuhten Hände
Greifen nach ihr:
»Ah süperb!
Müssen wir geben fürs Knopfloch.«
Nein! ruf ich grob.
»Herr Jess noch mal,
Sind heut nicht bei Laune.
Denn nicht.
Empfehl mich Ihnen.
Sie kommen doch morgen in die Versammlung?«

Ich und die Rose warten.

Die Haustür geht.
Sie kommt, sie kommt.
Doch herein tritt
mein Freund, Herr von Schnellbein.
Unerträglich langweilig sind seine Erzählungen
Über Bälle und Diners.
Endlich bemerkt er die Blume.
Und seine bismarckbraunglacébehandschuhten Hände
Greifen nach ihr:
»Ah, das trifft sich,
Brauch ich nicht erst zu Bünger.
Hinein ins Knopfloch.
Du erlaubst doch?«
Nein! schrei ich wütend.
»Na, aber,
Warum denn so ausfallend;
Bist heut nicht bei Laune.
Denn nicht.
Empfehl mich dir.«

Ich und die Rose warten.

Die Haustür geht.
Sie kommt, sie kommt.
Doch herein tritt
Mein Freund, der Dichter.
Der bemerkt sofort die hellgelbe.
Und er leiert ohn Umstände drauf los:
»Die Rose wallet am Busen des Mädchens,
Wenn sie spät abends im Parke des Städtchens
Gehet allein im mondlichen Schein ...«
Halt ein, halt ein!
»Was ist dir denn, Mensch.

Aber du schenkst mir doch die Blume?
Ich will sie mir ins Knopfloch stecken.«
Und gierig greift er nach ihr.
Nein!! brüll ich wie rasend.
»Aber was ist denn?
Bist heut nicht bei Laune.
Denn nicht.
Empfehl mich dir.«

Ich und die Rose warten.

Die Haustür geht.
Sie kommt, sie kommt.
Und – da ist sie.
Hast du mich aber heute lange lauern lassen.
»Ich konnte doch nicht eher …
»Oh, die Rose, die Rose.«
Hut ab erst.
Stillgestanden!
Nicht gemuckst.
Kopf vorwärts beugt!
Und ich nestl ihr
Die gelbe Rose ins schwarze Haar.
Ein letzter Sonnenschein
Fällt ins Zimmer
Über ihr reizend Gesicht.

Wilder Rosenbusch

Wie steht er da vor den Verdunkelungen
des Regenabends, jung und rein;
in seinen Ranken schenkend ausgeschwungen
und doch versunken in sein Rose-sein;

die flachen Blüten, da und dort schon offen,
jegliche ungewollt und ungepflegt:
so, von sich selbst unendlich übertroffen
und unbeschreiblich aus sich selbst erregt,

ruft er dem Wandrer, der in abendlicher
Nachdenklichkeit den Weg vorüberkommt:
Oh sieh mich stehn, sieh her, was bin ich sicher
und unbeschützt und habe was mir frommt.

Die Knospe der Rose

Von der üpp'gen, grünen Blätter
  Schatt'gem Netze dicht umwoben,
Wagt den Kelch nicht zu entfalten,
  Knospe noch, die zarte Rose.

Und sie reift das Gold der Düfte
  In des Kelches tiefem Borne,
Reift der Reize stille Mächte
  In dem Innersten verborgen.

Rose, Rose! bald entschwellen
  Muß die Kron der vollen Knospe,
Steigen bald das Gold der Düfte
  Aus des dunkeln Kerkers Wohnung.

Purpurglühend wird erstrahlen
  Dir, der Sehnenden, Aurora,
Ihr dein Kelch entgegen glühen
  Von der Blätter grünem Throne.

Selig, selig, wem erblühet
  Dann die lang verschloßne Krone,
Daß er trinke Gold der Düfte
  Aus dem reichsten Kelch der Wonnen!

Die Lotosblume ängstigt
Sich vor der Sonne Pracht,
Und mit gesenktem Haupte
Erwartet sie träumend die Nacht.

Der Mond, der ist ihr Buhle,
Er weckt sie mit seinem Licht,
Und ihm entschleiert sie freundlich
Ihr frommes Blumengesicht.

Sie blüht und glüht und leuchtet,
Und starret stumm in die Höh';
Sie duftet und weinet und zittert
Vor Liebe und Liebesweh.

Der Mohn

Wie dort, gewiegt von Westen,
Des Mohnes Blüte glänzt!
Die Blume, die am besten
Des Traumgotts Schläfe kränzt;
Bald purpurhell, als spiele
Der Abendröte Schein,
Bald weiß und bleich, als fiele
Des Mondes Schimmer ein.

Zur Warnung hört' ich sagen,
Daß, der im Mohne schlief,
Hinunter ward getragen
In Träume, schwer und tief;
Dem Wachen selbst geblieben
Sei irren Wahnes Spur,
Die Nahen und die Lieben
Halt' er für Schemen nur.

In meiner Tage Morgen,
Da lag auch ich einmal,
Von Blumen ganz verborgen,
In einem schönen Tal.
Sie dufteten so milde!
Da ward, ich fühlt' es kaum,
Das Leben mir zum Bilde,
Das Wirkliche zum Traum.

Seitdem ist mir beständig,
Als wär' es so nur recht,
Mein Bild der Welt lebendig,

Mein Traum nur wahr und echt;
Die Schatten, die ich sehe,
Sie sind, wie Sterne, klar.
O Mohn der Dichtung! wehe
Ums Haupt mir immerdar!

Ein Sommer-Liedlein

1. Phoebus ist nun wieder kommen,
   Hat die Flora angeblickt
Und in Armen sie genommen,
   Sie geküßt und schön geschmückt
Mit einem bunten Rock
Als eine schöne Tock.
   Ihr goldgehl Haar hat sie gezieret
Mit einem Blumen-Kranz,
Darum sie nun zum Tanz
   Viel schöner Nymphen mit sich führet.

2. Kommet, kommet, laßt uns gehen
   In das Korn-Land naus mit ihr.
Laßt uns in den Wäldern sehen,
   Wie der Hirsch und andre Tier
Im Grünen springen rum.
Hört, wie so wunderkrumm
   Die Nachtegall her kolorieret.
Seht, wie an jeden Ort
In kühlen Schatten dort
   Der Schäfer seine Hürtin führet.

3. Oder laßt uns gehn im Garten,
   Da viel tausend Blümelein
Und Gewächse sich wohl arten
   Und hervor gesprossen sein.
Die Blume Tulipan,
Vielen Thymian,
   Die Rosmarie und Hyazinthen,
Narzissen, Tausendschön

Und Majeran da stehn,
  Lavendel, Polei sich auch finden.

4. Und die Blum Jelängerlieber,
  Rosen, Lilien wohlgemut.
Seht was ubers Beet hinüber,
  Was zur Tafel nötig tut,
Die Spargieß und Salat,
Spansche Lacktuk man hat,
  Melaunen, Gurken, Artischocken,
Andivien, Stickelbeer
Und andre Sachen mehr,
  Die man zu essen kann abpflocken.

5. Seht die Immen-Stöck zur Seiten,
  Wie die Honig-Vögel doch
Um die Nahrung so arbeiten,
  Wie der Wein auch wächst so hoch.
Das frische Obst wird süß,
Die Kirschen, Bürn und Nüß,
  Die Öpfel, Pfirschgen, Pomeranzen,
Zitronen, Feigen, auch
Was in die Küche tauch,
  Die Rüben, Wurzeln, Kohl und Pflanzen.

6. Seht das liebe Vieh dort grasen
  In der Klever Weide fein,
Mit den vollen Millich-Blasen,
  Dort kommt ein Herd Schaf herein.
Hört, wie die Sackpfeif klingt,
Hört, wie die Viehmagd singt,
  Seht, wie sie Kraut und Blumen pflücket.
Die Erd und Himmel lacht,
Nehmt aber auch in acht,
  Was uns zur Lehre sich wohl schicket.

7. Sticht die Sonne dann, wir sprechen,
Ach, es ist so heiße Zeit,
Da denn wohl ist auszurechen,
Keine Freud ist ohne Leid.
Die Blum verwelkt, das Gras
Wird abgemeit, so daß
Nichts ist beständig auf der Erden.
Was irdisch ist, verdirbt,
Der Mensch wird alt und stirbt,
Die Welt muß auch zunichte werden.

Sommerbild

Ich sah des Sommers letzte Rose stehn,
Sie war, als ob sie bluten könne, rot;
Da sprach ich schauernd im Vorübergehn:
So weit im Leben, ist zu nah am Tod!

Es regte sich kein Hauch am heißen Tag,
Nur leise strich ein weißer Schmetterling;
Doch, ob auch kaum die Luft sein Flügelschlag
Bewegte, sie empfand es und verging.

ICH wollt' ein Sträußlein binden,
Da kam die dunkle Nacht,
Kein Blümlein war zu finden,
Sonst hätt' ich dir's gebracht.

Da flossen von den Wangen
Mir Tränen in den Klee,
Ein Blümlein aufgegangen
Ich nun im Garten seh'.

Das wollte ich dir brechen
Wohl in dem dunklen Klee,
Doch fing es an zu sprechen:
»Ach tue mir nicht weh!

Sei freundlich in dem Herzen,
Betracht' dein eigen Leid,
Und lasse mich in Schmerzen
Nicht sterben vor der Zeit.«

Und hätt's nicht so gesprochen,
Im Garten ganz allein,
So hätt' ich dir's gebrochen,
Nun aber darf's nicht sein.

Mein Schatz ist ausgeblieben,
Ich bin so ganz allein.
Im Lieben wohnt Betrüben,
Und kann nicht anders sein.

An eine Geisblattranke

Zwischen Fichtenbäumen in der Öde
Find ich, teure Blüte, dich so spat?
Rauhe Lüfte hauchen schnöde,
Da sich eilig schon der Winter naht.

Dicht auf Bergen lagen Nebelstreifen,
Hinter denen längst die Sonne schlief,
Als noch übers Feld zu schweifen
Mich ein inniges Verlangen rief.

Da verriet dich dein Geruch dem Wandrer,
Deine Weiße, die dich blendend schmückt:
Wohl mir, daß vor mir kein Andrer
Dich gesehn und dich mir weggepflückt!

Wolltest du mit deinem Dufte warten,
Bis ich käm an diesen stillen Ort?
Blühtest ohne Beet und Garten
Hier im Wald bis in den Winter fort?

Wert ist wohl die spät gefundne Blume,
Daß ein Jüngling in sein Lied sie mischt,
Sie vergleichend einem Ruhme,
Der noch wächst, da schon so viel erlischt.

Blaue Hortensie

So wie das letzte Grün in Farbentiegeln
sind diese Blätter, trocken, stumpf und rauh,
hinter den Blütendolden, die ein Blau
nicht auf sich tragen, nur von ferne spiegeln.

Sie spiegeln es verweint und ungenau,
als wollten sie es wiederum verlieren,
und wie in alten blauen Briefpapieren
ist Gelb in ihnen, Violett und Grau;

Verwaschnes wie an einer Kinderschürze,
Nichtmehrgetragnes, dem nichts mehr geschieht:
wie fühlt man eines kleinen Lebens Kürze.

Doch plötzlich scheint das Blau sich zu verneuen
in einer von den Dolden, und man sieht
ein rührend Blaues sich vor Grünem freuen.

Rosa Hortensie

Wer nahm das Rosa an? Wer wußte auch,
daß es sich sammelte in diesen Dolden?
Wie Dinge unter Gold, die sich entgolden,
entröten sie sich sanft, wie im Gebrauch.

Daß sie für solches Rosa nichts verlangen.
Bleibt es für sie und lächelt aus der Luft?
Sind Engel da, es zärtlich zu empfangen,
wenn es vergeht, großmütig wie ein Duft?

Oder vielleicht auch geben sie es preis,
damit es nie erführe vom Verblühn.
Doch unter diesem Rosa hat ein Grün
gehorcht, das jetzt verwelkt und alles weiß.

Die Malve

Wieder hab' ich dich gesehen,
Blasse Malve! blühst du schon?
Ja! mich traf ein schaurig Wehen,
All mein Frühling welkt davon.
Bist du doch des Herbstes Rose,
Der gesunknen Sonne Kind,
Bist die starre, düftelose,
Deren Blüten keine sind.

Gerne wollt' ich dich begrüßen,
Blühtest du nicht rosenfarb,
Lögst du nicht das Rot der Süßen,
Die noch eben glüht' und starb.
Heuchle nicht des Lenzes Dauer!
Du bedarfst des Scheines nicht;
Hast ja schöne, dunkle Trauer,
Hast ja weißes, sanftes Licht.

Die letzte Kornblume

Sie ging, den Weg zu kürzen, übers Feld.
Es war gemäht. Die Ähren eingefahren.
Die braunen Stoppeln stachen in die Luft,
Als hätte sich der Erdgott schlecht rasiert.
Sie ging und ging. Und plötzlich traf sie
Auf die letzte blaue Blume dieses Sommers.
Sie sah die Blume an. Die Blume sie. Und beide dachten
(Sofern die Menschen denken können, dachte die
Blume ...)
Dachten ganz das gleiche:
Du bist die letzte Blüte dieses Sommers,
Du blühst, von lauter totem Gras umgeben.
Dich hat der Sensenmann verschont,
Damit ein letzter lauer Blütenduft
Über die abgestorbene Erde wehe –
Sie bückte sich. Und brach die blaue Blume.
Sie rupfte alle Blütenblätter einzeln:
Er liebt mich – liebt mich nicht – er liebt mich ... nicht. –
Die blauen Blütenfetzen flatterten
Wie Himmelsfetzen über braune Stoppeln.
Ihr Auge glänzte feucht – vom Abendtau,
Der kühl und silbern auf die Felder fiel
Wie aus des Mondes Silberhorn geschüttet.

Die Rosen im Garten

Die Rosen im Garten blühn zum zweiten Mal.
Täglich schießen sie in dicken Bündeln
In die Sonne. Aber die schwelgerische Zeit ist dahin,
Mit der ihr erstes Blühen sich im Hof des weiß und roten Sternenfeuers wiegte.
Sie springen gieriger, wie aus aufgerissenen Adern strömend,
Über das heftig aufgeschwellte Fleisch der Blätter.
Ihr wildes Blühen ist wie Todesröcheln,
Das der vergehende Sommer in das ungewisse Licht des Herbstes trägt.

Ihr verblühet, süße Rosen,
Meine Liebe trug euch nicht;
Blühtet, ach! dem Hoffnungslosen,
Dem der Gram die Seele bricht!

Jener Tage denk' ich trauernd,
Als ich, Engel, an dir hing,
Auf das erste Knöspchen lauernd
Früh zu meinem Garten ging;

Alle Blüten, alle Früchte
Noch zu deinen Füßen trug,
Und vor deinem Angesichte
Hoffnung in dem Herzen schlug.

Ihr verblühet, süße Rosen,
Meine Liebe trug euch nicht;
Blühet, ach! dem Hoffnungslosen,
Dem der Gram die Seele bricht!

Doch wie die Herbstluft schauert

Herbstfarben

Das Grün des Frühlings mühte
Sich mit vergebnen Mühn,
Ganz aufzugehn in Blüte,
In Gold und Purpurglühn.
Ein Gold- und Purpurschimmer
Wob drüber nur, doch blieb
Darunter eben immer
Der grüne dunkle Trieb.
Was nicht dem Lenz gelungen
Am grünen Lebensstrauch,
Das hat der Herbst errungen
Mit seinem Todeshauch.
Nicht einzle Purpurdolden,
Nicht goldne Sternlein matt;
Der ganze Wald ist golden,
Und Purpur jedes Blatt.
Doch wie die Herbstluft schauert,
Zu Boden sinkt der Glanz;
Denn lauter Blüte dauert
Nicht ohne Grün im Kranz.

Herbst

Astern blühen schon im Garten,
Schwächer trifft der Sonnenpfeil.
Blumen, die den Tod erwarten
Durch des Frostes Henkerbeil.

Brauner dunkelt längst die Heide,
Blätter zittern durch die Luft.
Und es liegen Wald und Weide
Unbewegt in blauem Duft.

Pfirsich an der Gartenmauer,
Kranich auf der Winterflucht.
Herbstes Freuden, Herbstes Trauer,
Welke Rosen, reife Frucht.

Herbstweh

1.

So still in den Feldern allen,
Der Garten ist lange verblüht,
Man hört nur flüsternd die Blätter fallen,
Die Erde schläfert – ich bin so müd.

2.

Es schüttelt die welken Blätter der Wald,
Mich friert, ich bin schon alt,
Bald kommt der Winter und fällt der Schnee,
Bedeckt den Garten und mich und alles, alles Weh.

Laßt im Grünen mich liegen

Laßt im Grünen mich liegen
Unter Blumen und Klee,
Unter Blumen mich schmiegen,
Unter Blumen und Klee!

Wo nach Düften die Lüfte
Jagen, Stralen des Lichts
Auf Thautropfen sich wiegen,
Unter Blumen und Klee!

Wo nach Beute die Bienen,
Und nach müßiger Lust
Summen goldene Fliegen,
Unter Blumen und Klee!

Unterm Klee und den Blumen,
Wo ich hüpfen euch sah
Gleich den Lämmern und Ziegen,
Unter Blumen und Klee!

Unterm Klee und den Blumen,
Wo ermüdet zu früh
Ihr ins Bettchen gestiegen,
Unter Blumen und Klee!

Hör' ich drinnen das Athmen
Ihres Schlummers? o Luft,
Will dein Hauch mich betrügen,
Unter Blumen und Klee?

Quillst du, Fülle des Frühlings,
Oder blähen sich so
Ihre schwellenden Wiegen
Unter Blumen und Klee?

Ja, ich fühle das Pochen
Eurer Herzen hindurch,
Wo ihr lauschet verschwiegen
Unter Blumen und Klee!

Ihr wollt schlafen, so schlafet!
Wie ich immer euch gern
Wiegte, will ich euch wiegen
Unter Blumen und Klee!

Schlaft! es müsse vom Seufzer
Kein zu stürmischer Hauch
Euern Frieden bekriegen
Unter Blumen und Klee!

Und die leisere Thräne
Rinn' am Halmen hinab,
Ohn' ein Hälmchen zu biegen,
Unter Blumen und Klee!

Glücklich nenn' ich den Seufzer
Und die Thräne, daß sie
So vergehn und versiegen
Unter Blumen und Klee

Blumen

In märzentagen streuten wir die samen
Wann unser herz noch einmal heftig litt
An wehen die vom toten jahre kamen
Am letzten kampf den eis und sonne stritt.

An schlanken stäbchen wollten wir sie ziehen.
Wir suchten ihnen reinen wasserquell
Wir wussten dass sie unterm licht gediehen
Und unter blicken liebevoll und hell.

Mit frohem fleisse wurden sie begossen ·
Wir schauten zu den wolken forschend bang
Zusammen auf und harrten unverdrossen
Ob sich ein blatt entrollt ein trieb entsprang.

Wir haben in dem garten sie gepflückt
Und an den nachbarlichen weingeländen ·
Wir wandelten vom glanz der nacht entzückt
Und trugen sie in unsren kinderhänden.

MAX DAUTHENDEY

Die bunten Astern

Die bunten Astern sind wie ein Regenbogen
In den nassen Garten eingezogen,
Wie Gesichter, die schon etwas frieren.
Die großen Äpfel an den Spalieren,
Die hängen wie trutzige Köpfe dort;
Bald trägt sie mein Schatz in der Schürze fort.
Der Morgen ist kalt und die Blätter sind alt;
Bald hat die Nacht ständig die Obergewalt.
Und wenn die Astern den Garten verlassen,
Wird der Winter die Menschen anfassen.
Trag jeder seinen Garten beizeiten ins Haus,
Bei einem Schatz geht der Sommer nicht aus.

FRIEDRICH HÖLDERLIN

Hälfte des Lebens

Mit gelben Birnen hänget
Und voll mit wilden Rosen
Das Land in den See,
Ihr holden Schwäne,
Und trunken von Küssen
Tunkt ihr das Haupt
Ins heilignüchterne Wasser.

Weh mir, wo nehm' ich, wenn
Es Winter ist, die Blumen, und wo
Den Sonnenschein,
Und Schatten der Erde?
Die Mauern stehn
Sprachlos und kalt, im Winde
Klirren die Fahnen.

CHRISTIAN WAGNER

Distelhäupter am Weg

So wie sich Greise ergehn beim Sonnschein, abends,
so stehen
Distelhäupter am Weg. Weit glänzt ihr silbernes
Haupthaar. –
Leicht mag ihnen der Tod wohl werden, wenn nächstens
das große
Sterben beginnt in Wald, auf Feldflur, Heide und Talgrund.

Die Blumen der kleinen Ida

Meine armen Blumen sind ganz abgestorben!« sagte die kleine Ida. »Wie schön waren sie gestern Abend, und nun hängen alle Blätter verwelkt da! Warum thun sie das?« fragte sie den Studenten, der auf dem Sopha saß, denn er mochte sie sehr gern leiden. Er wußte die allerschönsten Geschichten und schnitt höchst belustigende Bilder aus: Herzen mit kleinen Damen darin, welche tanzten, Blumen und große Schlösser, in denen man die Thüren öffnen konnte; er war ein munterer Student. »Weshalb sehen die Blumen heute so hinfällig aus?« fragte sie wieder und zeigte ihm einen Strauß, welcher welk war.

»Weißt Du, was ihnen fehlt?« sagte der Student. »Die Blumen sind diese Nacht auf dem Balle gewesen, und sie lassen deshalb die Köpfe hängen.«

»Aber die Blumen können ja nicht tanzen!« sagte die kleine Ida.

»Allerdings«, sagte der Student, »wenn es dunkel wird und wenn wir schlafen, dann springen sie lustig umher; fast jede Nacht halten sie Ball.«

»Können Kinder nicht mit auf diesen Ball kommen?«

»Ja«, sagte der Student, »kleine Gänseblümchen und Maiblümchen.«

»Wo tanzen die schönen Blumen?« fragte die kleine Ida.

»Bist Du nicht oft außerhalb des Thores bei dem großen Schlosse gewesen, wo der König im Sommer wohnt, wo der herrliche Garten mit den vielen Blumen ist? Du hast ja die Schwäne gesehen, welche zu Dir hinschwimmen, wenn Du ihnen Brotkrümelchen geben willst. Glaube mir, da draußen ist großer Ball.«

»Ich war gestern mit meiner Mutter draußen im Garten«, sagte Ida; »aber alle Blätter waren von den Bäumen, und es waren durchaus keine Blumen mehr da. Wo sind die? Im Sommer sah ich so viele!«

»Sie sind drinnen im Schlosse«, sagte der Student. »Wisse, sobald der König und alle Hofleute in die Stadt ziehen, laufen die Blumen gleich aus dem Garten auf das Schloß und sind lustig. Da sollst Du sehen: die beiden schönsten Rosen setzen sich auf den Thron, und dann sind sie König und Königin; alle die rothen Hahnenkämme stellen sich zu beiden Seiten auf und verbeugen sich: das sind die Kammerjunker. – Dann kommen alle die niedlichen Blumen und es ist großer Ball. Die blauen Veilchen stellen kleine Seecadetten vor; sie tanzen mit Hyacinthen und Crocus, welche sie Fräulein nennen; die Tulpen und die großen Feuerlilien sind alte Damen, die passen auf, daß schön getanzt wird und daß es hübsch zugeht.«

»Aber«, fragte die kleine Ida, »ist Niemand da, der den Blumen Etwas zu Leide thut, weil sie im Schlosse des Königs tanzen?«

»Es weiß eigentlich Niemand darum«, sagte der Student, »Zuweilen kommt freilich in der Nacht der alte Schloßverwalter, welcher dort draußen aufpassen soll; er hat ein großes Bund Schlüssel bei sich; aber sobald die Blumen die Schlüssel rasseln hören, sind sie still, verstecken sich hinter den Gardinen und stecken die Köpfe hervor.«

»Ich rieche, daß Blumen hier sind«, sagte der alte Schloßverwalter, aber er kann sie nicht sehen.

»Das ist herrlich!« sagte die kleine Ida und klatschte in die Hände. »Aber würde ich die Blumen auch nicht sehen können?«

»Ja«, sagte der Student, »denke nur daran, wenn Du wieder hinauskommst, daß Du durch das Fenster siehst: so wirst Du sie schon bemerken. Das that ich heute; da lag eine lange gelbe Lilie auf dem Sopha und streckte sich; die war eine Hofdame.«

»Können auch die Blumen aus dem botanischen Garten dahin kommen? Können sie den weiten Weg gehen?«

»Ja gewiß«, sagte der Student; »wenn sie wollen, so können sie fliegen. Hast Du nicht die schönen Schmetterlinge gesehen, die rothen, gelben und weißen? Sie sehen fast aus wie Blumen: das sind sie auch gewesen. Sie sind vom Stengel ab hoch in die Luft geflogen und haben da mit den Blättern geschlagen, als wenn sie kleine Flügel waren, und da flogen sie. Und weil sie sich gut aufführten, bekamen sie die Erlaubniß, auch bei Tage herumzufliegen und brauchten nicht zu Hause und still auf dem Stiele zu sitzen; und so wurden die Blätter am Ende zu wirklichen Flügeln. Das hast Du ja selbst gesehen. Es kann übrigens sein, daß die Blumen im botanischen Garten noch nie im Schlosse des Königs gewesen sind oder nicht wissen, daß es dort des Nachts so munter hergeht. Deshalb will ich Dir etwas sagen: er wird recht erstaunen, der Professor der Botanik, der hier nebenan wohnt, Du kennst ihn ja wohl? Wenn Du in seinen Garten kommst, mußt Du einer der Blumen erzählen, daß draußen auf dem Schlosse großer Ball sei, die sagt es allen andern wieder und alsdann stiegen sie fort; kommt nun der Professor in den Garten hinaus, so ist nicht eine einzige Blume da, und er kann gar nicht begreifen, wo sie geblieben sind.«

»Aber wie kann es denn die eine Blume den andern erzählen? Die Blumen können ja nicht sprechen!«

»Das können sie freilich nicht«, erwiderte der Student, »aber dann machen sie Pantomimen. Hast Du nicht oft, gesehen, daß die Blumen, wenn es ein wenig weht, sich zunicken und alle ihre grünen Blätter bewegen? Das ist ihnen ebenso verständlich, als wenn wir zusammen sprechen.«

»Kann der Professor denn die Pantomimen verstehen?« fragte Ida.

»Ja sicherlich. Er kam eines Morgens in seinen Garten und sah eine große Brennnessel stehen, die mit ihren Blättern einer schönen, rothen Nelke Pantomimen machte. Sie sagte: »Du bist gar so niedlich und ich bin Dir von Herzen gut!« Aber dergleichen kann der Professor nicht leiden, er schlug sogleich der Brennnessel auf die Blätter, denn das sind ihre Finger; aber da brannte er sich, und seit der Zeit wagt er es nicht, eine Brennnessel anzurühren.«

»Das ist lustig!« sagte die kleine Ida und lachte.

»Wie kann man einem Kinde so Etwas in den Kopf setzen!« sagte der langweilige Kanzleirath, welcher zum Besuch gekommen war und auf dem Sopha saß. Er konnte den Studenten nicht leiden und brummte immer, wenn er ihn die possirlichen, muntern Bilder ausschneiden sah: bald, war es ein Mann, der an einem Galgen hing und ein Herz in der Hand hielt, denn er war ein Herzdieb; bald eine alte Hexe, welche auf einem Besen ritt und ihren Mann auf der Nase hatte. Das konnte der alte Kanzleirath nicht leiden, und dann sagte er, gerade wie jetzt: »Wie kann man einem Kinde so Etwas in den Kopf setzen! Das ist dumme Phantasie!«

Aber der kleinen Ida schien es doch recht drollig zu sein, was der Student von ihren Blumen erzählte, und sie dachte viel daran. Die Blumen ließen die Köpfe hängen, denn sie waren müde, da sie die ganze Nacht getanzt hatten; sie waren sicher krank. Da ging sie mit ihnen zu ihrem andern Spielzeuge, welches auf einem niedlichen, kleinen Tische stand, und das ganze Schubfach war voll schöner Sachen. Im Puppenbette lag ihre Puppe Sophie und schlief, aber die kleine Ida sagte zu ihr: »Du mußt wirklich aufstehen, Sophie, und damit fürlieb nehmen, diese Nacht im Schubkasten zu liegen. Die armen Blumen sind krank, und da müssen sie in Deinem Bette liegen; vielleicht werden sie dann wieder gesund!« Und sogleich nahm sie die Puppe heraus; aber die sah verdrießlich aus und sagte nicht ein einziges Wort, denn sie war ärgerlich, daß sie ihr Bett nicht behalten konnte.

Dann legte Ida die Blumen in das Puppenbett, zog die kleine Decke über sie herauf und sagte, nun möchten sie hübsch still liegen, sie wolle ihnen Thee kochen, damit sie wieder gesund würden und morgen aufstehen könnten. Sie zog die Gardinen dicht um das kleine Bett zusammen, damit die Sonne ihnen nicht in die Augen scheine.

Den ganzen Abend hindurch konnte sie nicht unterlassen, an Das zu denken, was ihr der Student erzählt hatte. Und als sie nun selbst zu Bette sollte, mußte sie erst hinter die Gardinen sehen, welche vor den Fenstern herabhingen, wo ihrer Mutter herrliche Blumen standen, sowohl Hyacinthen wie Tulpen; und da flüsterte sie leise: »Ich weiß wohl, Ihr geht diese Nacht auf den Ball!« Aber die Blumen thaten, als ob sie nichts verständen, und rührten kein Blatt; allein die kleine Ida wußte doch, was sie wußte.

Als sie in das Bett gegangen war, lag sie lange und dachte daran, wie hübsch es sein müsse, die schönen Blumen draußen im Schlosse des Königs tanzen zu sehen. »Ob meine Blumen wirklich dabei gewesen sind?« Aber dann schlief sie ein. In der Nacht erwachte sie wieder: sie hatte von den Blumen und dem Studenten, den der Kanzleirath getadelt hatte, geträumt. Es war still in der Schlafstube, wo Ida lag; die Nachtlampe brannte auf dem Tische, und Vater und Mutter schliefen.

»Ob meine Blumen wohl noch in Sophiens Bett liegen?« dachte sie bei sich selbst. »Wie gern möchte ich es doch wissen!« Sie erhob sich ein Wenig und blickte nach der Thüre, welche angelehnt stand: drinnen lagen die Blumen und all ihr Spielzeug. Sie horchte und da kam es ihr vor, als höre sie, daß drinnen in der Stube auf dem Clavier gespielt würde, aber ganz leise und so hübsch, wie sie es nie zuvor gehört hatte.

»Nun tanzen sicherlich alle Blumen drinnen!« dachte sie. »O Gott, wie gern möchte ich es doch sehen!« Aber sie wagte nicht, aufzustehen, denn sonst weckte sie ihren Vater und ihre Mutter.

»Wenn sie doch nur hereinkommen wollten«, dachte sie. Aber die Blumen kamen nicht und die Musik fuhr fort wunderhübsch zu spielen; da konnte sie es nicht mehr aushalten, denn es war gar zu schön; sie kroch aus ihrem kleinen Bette heraus und ging leise nach der Thüre und sah in die Stube hinein. Nein, wie herrlich war das, was sie zu sehen bekam!

Es brannte keine Nachtlampe drinnen, aber doch war's hell; der Mond schien durch das Fenster mitten auf den Fußboden; es war fast, als ob es Tag sei. Alle Hyacinthen und Tulpen standen in zwei langen Reihen im Zimmer; es waren durchaus keine mehr am Fenster; da standen die leeren Töpfe. Auf dem Fußboden tanzten alle Blumen sehr zierlich rings um einander herum, machten Touren und hielten sich bei den langen, grünen Blättern, wenn sie sich herumschwenkten. Aber am Clavier saß eine große, gelbe Lilie, welche die kleine Ida bestimmt im Sommer gesehen hatte, denn sie erinnerte sich deutlich, daß der Student gesagt hatte: »Nein, wie gleicht sie dem Fräulein Lienchen!« Aber da wurde er von Allen ausgelacht; doch nun schien es der kleinen Ida wirklich auch, als ob die lange, gelbe Blume dem Fräulein gleiche; und sie hatte auch dieselben Manieren beim Spielen: bald neigte ihr lächelndes, gelbes Antlitz nach der einen Seite, bald nach der andern, und nickte den Tact zur herrlichen Musik! Niemand bemerkte die kleine Ida. Dann sah sie eine große, blaue Crocusblume mitten auf den Tisch hüpfen, wo das Spielzeug stand, hierauf auf das Puppenbett zugehen und die Gardinen bei Seite ziehen; da lagen die kranken Blumen, aber sie erhoben sich sogleich und nickten den andern zu, daß sie auch mittanzen wollten. Der alte Räuchermann, dem die Unterlippe abgebrochen war, stand auf und verneigte sich vor den hübschen Blumen: diese sahen durchaus nicht krank aus; sie sprangen hinunter zu den andern und waren recht vergnügt.

Es war, als ob etwas vom Tische herunterfiele; Ida sah dorthin: es war die Fastnachtsruthe, welche heruntersprang: es schien auch, als ob sie mit zu den Blumen gehörte. Sie war ebenfalls sehr niedlich, und eine kleine Wachspuppe, die gerade einen solchen breiten Hut auf dem Kopfe hatte, wie ihn der Kanzleirath trug, saß oben drauf. Die Fastnachtsruthe hüpfte auf ihren drei rothen Stelzfüßen mitten unter die Blumen und stampfte laut, denn sie tanzte Mazurka; den Tanz konnten die andern Blumen nicht, weil sie zu leicht waren und nicht so zu stampfen vermochten.

Die Wachspuppe auf der Fastnachtsruthe wurde auf einmal groß und lang, drehte sich über die Papierblumen hinweg und rief laut: »Wie kann man dem Kinde so Etwas in den Kopf setzen? Das ist dumme Phantasie!« Und da glich die Wachspuppe dem Kanzleirath mit dem breiten Hute ganz genau; sie sah eben so gelb und verdrießlich aus. Aber die Papierblumen schlugen ihn an die dünnen Beine; und da schrumpfte er wieder zusammen und wurde eine kleine Wachspuppe. Das war recht belustigend anzusehen; die kleine Ida konnte das Lachen nicht unterdrücken. Die Fastnachtsruthe fuhr fort zu tanzen, und der Kanzleirath mußte mittanzen; es half ihm nichts, er mochte sich nun groß und lang machen oder die kleine gelbe Wachspuppe mit dem großen, schwarzen Hute bleiben. Da legten die andern Blumen ein gutes Wort für ihn ein, besonders die, welche im Puppenbette gelegen hatten, und dann ließ die Fastnachtsruthe es gut sein. In demselben Augenblicke klopfte es laut drinnen an den Schubkasten, wo Ida's Puppe Sophie bei vielem andern Spielzeuge lag; der Räuchermann lief bis an die Kante des Tisches, legte sich lang hin auf den Bauch und begann den Schubkasten ein wenig herauszuziehen. Da erhob sich Sophie und sah erstaunt rings umher. »Hier ist wohl Ball?« sagte sie. »Weshalb hat mir das Niemand gesagt?«

»Willst Du mit mir tanzen?« fragte der Räuchermann.

»Ja Du bist mir der Rechte zum Tanzen!« sagte sie und kehrte ihm den Rücken zu. Dann setzte sie sich auf den Schubkasten und dachte, daß wohl eine der Blumen kommen würde, sie aufzufordern; aber es kam keine. Dann räusperte sie sich: »Hm, hm, hm!« Aber dessenungeachtet kam keine. Der Räuchermann tanzte nun allein, und das gar nicht so schlecht!

Da nun keine der Blumen Sophie zu bemerken schien, ließ sie sich vom Schubkasten auf den Fußboden herunterfallen, sodaß es Lärm gab. Alle Blumen kamen auch zu ihr gelaufen und fragten, ob sie sich nicht weh gethan, und sie waren alle sehr artig gegen sie, besonders die Blumen, welche in ihrem Bette gelegen hatten. Aber sie hatte sich nicht weh gethan, und Ida's Blumen bedankten sich für das schöne Bett und waren ihr gut, nahmen sie mitten in die Stube, wo der Mond hinein schien, und tanzten mit ihr; und alle die andern Blumen bildeten einen Kreis um sie herum. Nun war Sophie froh und sagte, sie möchten ihr Bett behalten; sie machte sich nichts daraus, im Schubkasten zu liegen.

Aber die Blumen sagten: »Wir danken Dir herzlich, doch wir können so nicht lange leben! Morgen sind wir todt. Aber sage der kleinen Ida, sie möge uns draußen im Garten, wo der Kanarienvogel liegt, begraben: dann wachen wir im Sommer wieder auf und werden weit schöner!« – »Nein, Ihr dürft nicht sterben!« sagte Sophie, und küßte die Blumen: da ging die Saalthüre auf und eine Menge herrlicher Blumen kam tanzend herein. Ida konnte gar nicht begreifen, woher sie gekommen waren; das waren sicher alle Blumen draußen vom Schlosse des Königs. Voran gingen zwei prächtige Rosen, die hatten kleine Goldkronen auf: sie waren ein König und eine Königin. Dann kamen die niedlichen Levkojen und Nelken, welche nach allen Seiten grüßten. Sie hatten Musik bei sich: große Mohnblumen und Päonien bliesen auf Erbsenschoten, daß sie ganz roth im Gesicht wurden. Die blauen Traubenhyacinthen und die kleinen, weißen Schneeglöckchen klingelten, als ob sie Schellen hätten. Das war eine merkwürdige Musik! Dann kamen viele andere Blumen und tanzten allesammt: Die blauen Veilchen und die rothen Tausendschönchen, die Gänseblümchen und die Maiblümchen. Alle Blumen küßten einander; es war allerliebst anzusehen!

Zuletzt sagten die Blumen einander gute Nacht; dann schlich sich auch die kleine Ida in ihr Bett, wo sie von Allem träumte, was sie gesehen hatte.

Als sie am nächsten Morgen aufstand, ging sie geschwind nach dem kleinen Tische hin, um zu sehen, ob die Blumen noch da seien. Sie zog die Gardine von dem kleinen Bette zur Seite: da lagen sie alle verwelkt, weit mehr denn gestern. Sophie lag im Schubkasten, wo sie sie hingelegt hatte; sie sah sehr schläfrig aus.

»Entsinnst Du Dich, was Du mir sagen solltest?« sagte die kleine Ida. Aber Sophie sah dumm aus und sagte nicht ein einziges Wort.

»Du bist gar nicht gut!« sagte Ida. »Und sie tanzten doch alle mit Dir.« Dann nahm sie eine kleine Papierschachtel, auf welche schöne Vögel gezeichnet waren, machte sie auf und legte die todten Blumen hinein. »Das soll Euer niedlicher Sarg sein«, sagte sie, »und wenn später die Vettern zum Besuch kommen, so sollen sie mir helfen, Euch draußen im Garten zu begraben, damit Ihr zum Sommer wieder wachsen und schöner werden könnt!«

Die Vettern waren zwei muntere Knaben; sie hießen Jonas und Adolph; ihr Vater hatte ihnen zwei neue Armbrüste geschenkt, und die hatten sie bei sich, um sie Ida zu zeigen. Diese erzählte ihnen von den armen Blumen, welche gestorben waren, und dann erhielten sie Erlaubniß, sie zu begraben. Beide Knaben gingen mit den Armbrüsten auf den Schultern voran, und die kleine Ida folgte mit den todten Blumen in der niedlichen Schachtel. Draußen im Garten wurde ein kleines Grab gegraben; Ida küßte erst die Blumen und setzte sie dann mit der Schachtel in die Erde; Adolph und Jonas schossen mit den Armbrüsten über das Grab, denn Gewehre und Kanonen hatten sie nicht.

Winters, als die Äste krachten

Winternacht

Verschneit liegt rings die ganze Welt,
Ich hab' Nichts, was mich freuet,
Verlassen steht der Baum im Feld,
Hat längst sein Laub verstreuet.

Der Wind nur geht bei stiller Nacht
Und rüttelt an dem Baume,
Da rührt er seinen Wipfel sacht
Und redet wie im Traume.

Er träumt von künft'ger Frühlingszeit,
Von Grün und Quellenrauschen,
Wo er im neuen Blüthen-Kleid
Zu Gottes Lob wird rauschen.

Das traurige Röslein

Ein Röslein war gar nicht munter,
Weil es im Topfe stand,
Sah immer traurig hinunter
Auf die Blumen im freien Land.
Die Blumen nicken und winken.
Wie ist es im Freien so schön
Zu tanzen und Tau zu trinken
Bei lustigem Windeswehn.
Von bunten Schmetterlingen
Umgaukelt, geschmeichelt, geküßt;
Dazwischen der Vöglein Singen
Anmutig zu hören ist.
Wir preisen dich und loben
Dich, fröhliche Sommerzeit;
Ach, Röslein am Fenster droben,
Du tust uns auch gar zu leid.
Da ist ins Land gekommen
Der Winter mit seiner Not.
In Schnee und Frost verklommen
Die Blumen sind alle tot.
Ein Mägdlein hört es stürmen,
Macht fest das Fenster zu.
Jetzt will ich dich pflegen und schirmen,
Du liebes Röslein du.

Auf eine Christblume

Tochter des Walds, du Lilienverwandte,
So lang von mir gesuchte, unbekannte,
Im fremden Kirchhof, öd und winterlich,
Zum erstenmal, o schöne, find ich dich!

Von welcher Hand gepflegt du hier erblühtest,
Ich weiß es nicht, noch wessen Grab du hütest;
Ist es ein Jüngling, so geschah ihm Heil,
Ists eine Jungfrau, lieblich fiel ihr Teil.

Im nächtgen Hain, von Schneelicht überbreitet,
Wo fromm das Reh an dir vorüberweidet,
Bei der Kapelle, am kristallnen Teich,
Dort sucht ich deiner Heimat Zauberreich.

Schön bist du, Kind des Mondes, nicht der Sonne;
Dir wäre tödlich andrer Blumen Wonne,
Dich nährt, den keuschen Leib voll Reif und Duft,
Himmlischer Kälte balsamsüße Luft.

In deines Busens goldner Fülle gründet
Ein Wohlgeruch, der sich nur kaum verkündet;
So duftete, berührt von Engelshand,
Der benedeiten Mutter Brautgewand.

Dich würden, mahnend an das heilge Leiden,
Fünf Purpurtropfen schön und einzig kleiden:
Doch kindlich zierst du um die Weihnachtszeit
Lichtgrün mit einem Hauch dein weißes Kleid.

Der Elfe, der in mitternächtger Stunde
Zum Tanze geht im lichterhellen Grunde,
Vor deiner mystischen Glorie steht er scheu
Neugierig still von fern und huscht vorbei.

Im Winterboden schläft, ein Blumenkeim,
Der Schmetterling, der einst um Busch und Hügel
In Frühlingsnächten wiegt den samtnen Flügel;
Nie soll er kosten deinen Honigseim.

Wer aber weiß, ob nicht sein zarter Geist,
Wenn jede Zier des Sommers hingesunken,
Dereinst, von deinem leisen Dufte trunken,
Mir unsichtbar, dich Blühende umkreist?

»Eisblumen«

Als Greimold, der am Morgen die Wache gehalten, in die Herdstube trat, die Kleider von gefrorenem Schnee bedeckt, ließ Jutta, die mit ihrem Strohgeflecht neben dem Feuer saß, die Hände ruhen. »Vater? Sind alle Gesindleut fortgegangen? Weil ich sie nimmer schreiten hör im Hof.«

»Es ist Winter worden, und die Eisblumen sind gewachsen. Die decken allen Boden linder als Maiengras.«

Es huschte wie sinnender Kummer über das Gesicht der Blinden. »Vater? Darf ich nit ein lützel hinaus und die Eisblumen schauen?« Er legte den Arm um die Blinde und führte sie vor das Haus. Die weiße Zenta trabte vor den beiden her. »Wie lind das unter den Füßen ist!« Jutta hob das Gesicht und streckte die Hände. Da konnte sie den Fall der Flocken spüren. »Als tat mich ein Kindl anrühren, das kühle Fingerlein hat!«

Bellend tollte die Hündin in den Schnee hinaus, und mit ihrem weißen Fell verschwand sie völlig im Gestöber.

Greimold winkte den Männern zu, die in der Nähe des Hages schwere Felssteine aus einem Hügel brachen. Sie ließen die Werkzeuge ruhen und standen schweigend.

Jutta schmiegte sich an den Vater. »Stehen sie schon hoch, die Eisblumen?«

»Spannenhoch.« »Meinst du, sie wachsen noch höher?«

»Ja, Kindl, das hoff ich.«

»Aber nit so hoch, daß sie den Weg versperren?«

Greimold fragte lächelnd: »Was für einen Weg?«

»Den vom Jägerhaus zum Gotteslehen.«

»Nein, Kind, den sperren die Eisblumen nit, und täten sie haushoch wachsen!« Während er die Blinde zurückführte ins Haus, blies er die Schneeflocken aus ihrem Haargeringel.

Drüben beim Steinbruch nahmen die Männer die Arbeit wieder auf. Einen Felsblock um den andern wälzten sie aus der verschneiten Erde hervor, die Bausteine für eine feste Mauer, die sie innerhalb des Hages rings um Haus und Ställe errichten wollten. Schon am folgenden Abend mußten sie wegen des starken Schneefalles die Arbeit einstellen.

In dichtem Gestöber fielen die Flocken, Tag und Nacht, eine ganze Woche lang. Als sich der Himmel wieder klärte, lag der Schnee halbmannshoch, eine weite, weiße, undurchdringliche Mauer, die das Gotteslehen schützend umzog und jeden Weg verschloß, der vom Tal zu den Bergen führte. »Jetzt laßt euch die Ruhzeit schmecken!« sagte der Gotteslechner zu seinem Gesind. »Bleibt der Winter so streng, wie er anhebt, so sind wir sicher bis zum Frühjahr.«

Am Abend, als Greimold nach der Mahlzeit noch mit den Hirten um den Herd saß, kam die Helgard aus Juttas Kammer gelaufen. »Hauswirt, komm! Und schau, was das Kindl hat! Ein Zährl ums ander rinnt ihr übers Gesicht. Und das weißt du doch, das Weinen tut ihren Augen weh!«

Erschrocken eilte Greimold in die Kammer. Jutta stand im Lichtschein einer Wachskerze, die in eisernem Ring an der Mauer brannte. Zwischen den zitternden Fingern hielt sie einen dürr gewordenen Halm. Ihre nassen Augen waren weit geöffnet, als möchte sie das Sehen erzwingen, »Kindl? Was hast du?«

»Schau nur, Vater! Sein Knöspl ist abgefallen, und das Hälml ist dürr. Jetzt kann's nimmer blühen.«

Er streichelte Juttas Haar, nahm ihr den dürren Halm aus den Händen und sagte ruhig: »Sein Blüml wird blühen. Mir kannst du's glauben. Du verlangst, was wider die Natur ist. Die Sommerblumen müssen schlafen im Grund, solang die Eisblumen wachen.«

Sie nickte.

»Du mußt dich gedulden, bis im Land wieder Maien ist. Das Knöspl ist freilich abgefallen. Aber der Halm hat noch ein Würzl.«

Sie wollte fühlen.

Da sagte er hastig: »Laß mir den Halm! Ich grab ihn unter dem Eisblumenbeet in guten Boden. Im Maien blüht dein Blüml. Gelt, jetzt tu dich nimmer kümmern drum?«

Sie lächelte. Das war nicht ihr stilles, ruhiges Lächeln wie sonst. Es war Glaube in diesem Lächeln, aber auch Verlangen und Sehnsucht.

Feuerlilie

Winters, als die Äste krachten,
keine Bäche konnten frieren,
weil die Fluten Blutes ihren
Pulsschlag immer neu entfachten.

Als die Zeit kam, da die Blume
aufwacht und der Vogel flötet,
sprang die Lilie selbst gerötet
aus der todgedüngten Krume.

Flora Mohr

Eine Glasblumen-Novelle

Erstes Kapitel

Der Minister Mikamura warf seinen Zahnstocher in seinen großen Garten und rief alle seine Diener zusammen. Und während sie zusammenkamen, ging im Osten über dem Stillen Ozean die Sonne auf, und gleich danach fuhr das Automobil des Barons von Münchhausen in Mikamuras großen Garten hinein.

Es war der 18. November des Jahres 1905 p. Chr. – Mikamura hatte alle Damen und Herren der Umgegend eingeladen, Vorträgen des Barons von Münchhausen zuzuhören. Die Gäste warteten auf der großen Dachterrasse, auf der man im Osten den Stillen Ozean mit Sonne sehen konnte. Die Japanerinnen hatten alle seidene bunte Gewänder an, die Japaner trugen Frack und Zylinder.

»Warum sind nur die Damen in Nationaltracht?« fragte der Baron, aber die Gräfin Clarissa vom Rabenstein, die den Baron begleitete, sagte gleich:

»Münch! Rede nichts Überflüssiges! Du wolltest von Mr. Weller in Melbourne erzählen!«

Die ganze Dachterrasse war mit gelben Segeltüchern überspannt, die Gäste des Ministers begrüßten den Baron und bewunderten sein frisches Aussehen, daß er trotz seiner hundertundachtzig Jahre zur Schau trug.

»Wie kann man nur so schrecklich alt werden?« fragte die Gattin des Ministers.

Und die Gräfin Clarissa vom Rabenstein erwiderte:

»Man muß nur immer sich Mühe geben, bei guter Laune zu bleiben, dann wird man täglich älter.«

Der Baron setzte sich auf einen amerikanischen Mahagonisessel, die japanischen Damen setzten sich ringsum im Halbkreis auf den mit japanischen Matten bedeckten Fußboden, und die Herren im Frack setzten sich im Hintergrunde ringsum auch im Halbkreis auf weißlackierte Stühle; Alle, die zuhörten, konnten das Meer sehen, der Baron saß mit dem Rücken zum Meere; die Gräfin Clarissa trug japanische Kleider und saß mit den Japanerinnen zusammen in japanischer Manier.

Und der Baron erzählte:

»Als ich im vorigen Jahre in Melbourne war, der großen Ausstellung wegen, besuchte ich auch meinen alten Freund Mr. William Weller, der allerdings mehr als hundert Jahre jünger ist als ich – aber doch nicht mehr zu den Jüngsten zählt. Weller hatte in der Nähe von Melbourne palastartige Gebäude, in denen er Glasblumen fabrizierte und in köstlichen Sälen ausstellte. Äußerlich wirkten die Gebäude wie die Anlagen eines großen Botanischen Gartens, und im Freien sah man auch viele natürliche Blumen. Doch im Innern dieser Paläste gabs nur Blumen aus Glas – und Früchte aus Glas. Ich hatte viel davon gehört und war sehr neugierig.

In der Vorhalle – einer Rotunde – herrschte eine schwermütige feierliche Dämmerung wie in einer uralten Kirche. Man hörte keinen Laut von der Außenwelt und mußte Filzpantoffeln anziehen und ging auf einem dunkelvioletten, sehr dicken und weichen Bodenbelag, der keine Musterung zeigte. In der Mitte der Rotunde wuchsen drei riesige Glaslilien aus dem Boden heraus.

Wenn ich aber von Lilien spreche, so bediene ich mich da nur eines Wortes, das ungefähr der Phantasie eine Richtung geben soll; Weller wollte keineswegs mit seinen Glasblumen eine Nachahmung der natürlichen bieten – nichts lag ihm ferner als dieses.

Diese Lilien hatten schneeweiße Stengel, und diese Stengeln ähnelten ein wenig den Eisblumen, die wir im Winter an Fensterscheiben sehen. Die Stengel hatten faustdicke und viele knollige Auswüchse und armbreite Äste, an denen sich citronengelbe dütenförmige Blüten befanden; und aus diesen ragten lange perlmutterartig schillernde Staubfäden heraus in Spiralformen und in ganz unregelmäßig gedrehten und gewundenen Formen. Die citronengelben Blüten waren meterlang, und es waren mehr als drei Blüten – es gingen aber nur drei faustdicke Stengel aus dem Boden heraus, der in der Mitte höher war als im übrigen Saalraum, sodaß man diesen Blüten nicht näherkommen konnte.

Jetzt aber, meine Damen und Herren, müssen Sie sich die Seitenwände der Rotunde vorstellen – da waren Rankengewächse vor schwarzen, straff gespannten Sammetwänden – das Astwerk der Ranken weiß und undurchsichtig – die Blüten blau, rot und grün und vielfach durchsichtig. Diese Wandblüten waren alle klein – nur wenige hatten Handgröße. Und natürlichen Blüten ähnten diese Glasblüten fast garnicht.

Als ich mich da zum ersten Male in dieser Rotunde befand, staunte ich wohl eine gute halbe Stunde alles an – das Licht kam von der Kuppel herunter, die auf weißem undurchsichtigem Grunde schwarzes Linienornament zeigte. Und dann kam Mr. William und begrüßte mich.

›Aber Münch‹, rief William gleich, ›benimm Dich nur nicht so feierlich; an so was muß man sich schnell gewöhnen. Komm nur gleich hier in diesen Experimentiersaal – da will ich Dir einen künstlichen Eissee zeigen – der ist viel interessanter als diese uralte Rotunde.‹

Und danach führte mich William in seinen Experimentiersaal. Ich dachte natürlich, daß da vieles durcheinanderliegen würde, dachte an Atelierstimmung und Ähnliches – doch es war da nur ganz finster.

Aber dann wurde der ganze Fußboden ganz hell – und ich sah, daß ich auf einem großen Glasboden stand, der durchsichtig eine phantastische Glasblumenwelt in der Tiefe unter uns sichtbar machte.

›Künstliches Eis!‹ sagte William.

Wände und Decke bestanden aus Tropfsteingrotten, und

mein alter Freund schob mir zwei dicke Stricke unter die Arme; die Stricke wurden an den Wänden von Dienern gehalten, und ich ging nun gestützt von den Stricken neben meinem Freunde, der sich auch so stützen ließ, auf dem durchsichtigen Glasboden weiter. Und dabei sahen wir in die Tiefe.

Ach ja, meine Herrschaften, was ich da mit zwei Stricken unter den Armen zu sehen bekam, läßt sich leider nicht so leicht beschreiben. Ich sah in eine bunte, ganz fabelhafte Blumen- und Fruchtwelt hinein, und mit jedem langsamen Schritt, auf Filzschuhen rutschend, veränderte sich das bunte Bild unter uns.

Mr. Weller sprach dabei in einem fort:

›Du darfst nicht glauben‹, sagte er, ›daß da unten immer alles am selben Platze bleibt. Da unten laß ich täglich alles anders zusammenstellen. Und so hab ich täglich immer etwas Anderes da unten zu sehen. Jede Blume sieht ganz anders aus, wenn sie dem Eisboden nahe ist – und anders, wenn sie sich tiefer befindet. Nun kommt noch hinzu, daß der künstliche Eisboden an vielen Stellen Vergrößerungslinsen hat – und auch Stellen, an denen das Glas nicht so dick ist – und auch Stellen, die große Höhlen und Vertiefungen haben. So wird die Glasblumenwelt da unten gar köstlich variiert. Und wenn ich nun Befehl gebe, unten die Blumen ein bischen herumzufahren, so hast Du einen Kaleidoskopeffekt erster Güte. Paß mal auf!‹

Und dann kams, wie er sagte.

Und das müssen Sie sich nun mal vorstellen; Sie können Ihre Phantasie anstrengen, wie Sie wollen, die Wirklichkeit werden Sie nicht übertrumpfen.

Lange hielt ich natürlich diesen Farben-, Formen- und Funkenzauber nicht aus.

Als mein Freund merkte, daß es mich angriff, ließ er plötzlich unten alles dunkel machen – und da atmete ich auf, Sie können mirs glauben.

Dann frühstückten wir in einem großen Fruchtzimmer. Das erinnerte so an die Märchen von Tausend und Einer Nacht. Die Früchte bestanden aber nicht einfach aus Rubinen und Smaragden – diese Weller-Früchte sahen noch köstlicher aus, obschon die Farben nicht so brannten wie bei den Brillanten.

Weller wollte die Kugelform in seinen Früchten überwinden und gab nun alle möglichen Formen, die anders als Kugeln sind – gleichzeitig vermied er das Kristallinische, sodaß man auch nicht an Brillanten erinnert wurde.

Das Innere dieser Kunstfrüchte wirkte zumeist noch interessanter als die äußere Form.

Ganz unbeschreiblich leuchteten aber die Farben. Die Farben, die im Glase hervorgebracht werden, sind ja viel herrlicher als alle anderen Farben; ein Farbenfreund muß eigentlich ganz naturgemäß zum Glasfanatiker werden.

Und so wars dem lieben William Weller auch gegangen; die Glasmalerei hatte ihn zu den Glasblumen und Glasfrüchten geführt.

Jedoch wir frühstückten nicht allein zusammen; eine junge Dame leistete uns Gesellschaft.

Wenn Sie sich aber denken, daß diese Dame sehr freundlich zu uns gewesen wäre – so täuschen Sie sich gewaltig.

Weller stellte die Dame folgendermaßen vor:

›Hier, Herr Baron, haben Sie das Vergnügen, meine Großnichte, Fräulein Flora Mohr aus Graudenz kennen zu lernen. Wenn Sie glauben, daß diesem Fräulein meine Paläste sehr großen Spaß machen, so sind Sie auf dem Holzwege.‹

›Lieber Großonkel‹, sagte darauf Fräulein Flora, ›ich kann mich nicht anders geben, als ich bin. Mich erfreuen die natürlichen Blumen mehr als Deine künstlichen.‹

›Sehen Sie‹, rief nun lachend mein alter Freund, ›hab ich nicht Recht? Das ist doch mal eine ehrliche Natur. Die paßt hierher, sag ich Dir, mein lieber Münch! Die paßt hierher – so wie die Faust aufs Auge. Oh – wie ich die Kontraste zu schätzen weiß!‹

Genau so waren die Worte meines Freundes gesetzt ich habe ein sehr gutes Gedächtnis, sonst könnte ich ja gar nicht so viele Geschichten erzählen; William sagte immer, wenn er erregt wurde, mal Sie und mal Du zu mir.

Ich aber bekam von seiner Erregung nichts ab, ich wurde nur neugierig und wollte wissen, wie denn diese Großnichte in diese Glasblumenpaläste hineingeraten wäre, und ich fragte danach, und sie sagte:

›Ich bin ja die Großnichte meines Großonkels.‹

Diese Antwort machte mich natürlich nicht klüger.

Fräulein Flora Mohr kam mir nicht sehr interessant vor, und ich fragte nach dem Frühstück den lieben William, als ich ihm wieder allein gegenübersaß, weswegen diese Dame bei ihm sei.

›Mensch‹, rief er da lachend, ›sie will Geld von mir haben.‹

So gibs ihr doch, erwiderte ich, dann bist Du sie los. Wenn sie die Glasblumen nicht leiden kann, so ist ihr hier doch nicht zu helfen.

Da sagte William:

›Liebster Münch, so gutmütig, wie Du denkst, bin ich leider nicht, ich werde doch nicht einer Großnichte Geld geben, die mir in Gegenwart aller anderen Leute immer wieder versichert, daß sie die Naturblumen lieber hat als meine Kunstblumen.‹

Darauf konnte ich natürlich nichts erwidern, ich glaubte jedoch, daß hier noch ein andrer Haken dahinter sein müsse, und beschloß, mich mal mit dieser merkwürdigen Angelegenheit näher zu befassen.

Ich sehe jedoch, daß wir den Morgenkaffee bekommen sollen. Und so werde ich Ihnen das Weitere nach dem Kaffee erzählen.«

Nach diesen Worten hörte der Baron zu erzählen auf; die Herren schmunzelten, und die Damen erklärten dem Baron, daß sie jetzt auch sehr neugierig seien.

Und dann tranken alle ihren Morgenkaffee und blickten dabei in die blauen Fluten des Stillen Ozeans. Die Sonne stieg derweil langsam höher.

Zweites Kapitel

Nach dem Morgenkaffee fuhr der Baron Münchhausen in seiner Erzählung fort:

»Mr. Weller«, sagte der Baron, »gab nun seiner Großnichte den Auftrag, mir die köstlichen Glasblumenbeete zu zeigen. Nun müssen Sie sich, meine Damen und Herren, diese Beete vorstellen. Denken Sie an venetianische Ziergläser – an die allerfeinsten! Den Goldstaub in den Gläsern müssen Sie aber fortlassen – denn Weller liebte das Gold nicht. Er erklärte alles Gold für ein nutzloses, ästhetisch unsympathisch berührendes Metall. Und ich finde auch, daß man ein Metall, mit dem man Käse kauft, nicht an Kunstwerken verwenden dürfte. Es wirkt überall klecksig, und es läßt sich doch nicht leugnen, daß eine einfache Butterblume ein köstlicheres Gelb besitzt – als dieses Tausch- und Trödelobjekt. Sie werden ja meiner Meinung sein.

Indessen – an die Seepferdchen der Venetianer dürfen Sie auch nicht denken – dafür müssen Sie an alle Farben denken, die Sie im Glase gesehen haben. Natürlich – sehr viel Email verwendete Weller auch – besonders in den Blüten.

Und dann eins: vergessen Sie nie, daß Weller niemals die natürlichen Blumen nachahmte – er machte alles immer anders als das Natürliche. Entzückend waren besonders die Glockenblumen mit ganz hohen spiralförmigen Staubgefäßen. In den Glokken sah man alle Topfformen, die es gibt – und das Äußere der Glocken war oft von durchbrochener Arbeit umhüllt – und oft von Rubin-, Filigran und Eisglas.

Weller setzte seine Beete, von denen viele einen Durchmesser von zwei bis drei Metern besaßen, nicht immer auf den Fußboden – oft setzte er die Beete einfach an die Wände und an die Decken.

Es wurden auch schräge Fußböden für die Beete hergestellt.

Da man im Naturgarten die Beete mit kurzgeschnittenen Rasen zu umgeben pflegt, so hatte Weller auch an einen Ersatz dieses Rasens gedacht.

Zumeist verwertete er weiße oder farbige Watte, die zum Glase einen gut kontrastierenden Rahmen schuf. An den Wänden wurde außer Sammet vielfach Brokat verwandt. Doch auch im Brokat vermied Weller das Gold.

Fahrende Beete gabs ebenfalls – und auch Guirlanden an straft gespannten Drahtseilen – natürlich auch hängende Beete – solche, die an Ketten hingen.

In einigen Sälen gabs auch Terrassen mit Überkragungen – und viele Terrassen waren ganz und gar mit Glasblumen angefüllt.

In einem Saale fand ich an Stelle des kurz geschnittenen Rasens – feinsten Seesand.

Auch Pilze und Schwämme wirkten als Umrahmung der Beete sehr gut.

Alle diese Herrlichkeiten zeigte mir Fräulein Flora Mohr mit einer Miene, die mir wirklich unvergeßlich bleiben wird.

Es machte ihr offenbar die größte Pein, mir all diesen Farben- und Formenprunk zu zeigen.

Und ich wußte ja schon so ungefähr – warum. Aber ich dachte, da stecke ein Roman dahinter.

Und so fragte ich höflich:

Gnädiges Fräulein, Sie sind also eine große Freundin der natürlichen Blumen, nicht wahr?

›Ja, das bin ich!‹ erwiderte sie.

Und ich fuhr fort:

Da haben Sie also eine Abneigung gegen diese künstlichen Glasblumen, nicht wahr?

Da bekam ichs.

›Wie‹, rief sie aus, ›Abneigung nennen Sie das Gefühl, das ich diesem Glas *quark* entgegenbringe? Nein, das ist nicht das richtige Wort für meinen Haß. Herr Baron, ich bin eine gebildete Person; ich hab in Graudenz das Seminar besucht und spreche fast alle modernen Sprachen. Wenn Sie glauben, daß mir diese Spielerei irgendwie imponieren könnte, so irren Sie sich gründlich. Wo ist denn hier das Leben? Sind diese Spielereien nicht einfach tot? Können Sie leugnen, daß sie tot sind? Und – ist es nicht immer wieder dasselbe, was man hier sieht? Immer wieder nur Farben! Und immer wieder nur Formen! Mit solchen Kindereien kann man ja den wilden Negern im warmen Afrika eine Freude bereiten – aber nicht einer gebildeten Person, die das Seminar in Graudenz besucht hat und fast alle modernen Sprachen spricht.‹

Ich sehe, meine Damen, Sie machen große Augen – aber so hat Fräulein Flora Mohr wörtlich gesprochen, ich behalte alles, was man mir sagt, wörtlich; mein Gedächtnis ist tatsächlich noch bewunderungswürdiger als mein Alter.

Mich verblüffte natürlich diese offene Ausdrucksart der jungen Dame, und ich sagte ganz schüchtern:

Gnädiges Fräulein, sind Sie nicht der Meinung, daß diese Abneigung, die Sie all diesen Glasblumen entgegenbringen, Ihren verehrten Großonkel sehr kränken könnte?

›Oh‹, rief sie heftig, ›Sie glauben wohl, hier steckt ein Roman dahinter! Sie glauben wohl, daß ich meinen Großonkel liebe! Da irren Sie sich: ich liebe meinen Bräutigam, der in Graudenz Kunstschlosser ist – und keinen andern Menschen liebe ich. Das gehört sich doch so. Und – ehrlich sein ist für mich die Hauptsache. Ich muß grade und frei meine Meinung heraussagen, wo ich auch bin. Und wenn meine Meinung andre Leute kränkt, so kann ich nicht dafür. Das Natürliche und das Ehrliche geht mir über Alles.‹

Nach dieser Rede sagte ich mir im Stillen, sodaß es Niemand hörte:

Jetzt bin ich also endlich hinter den Roman gekommen. Wie glücklich bin ich nur, daß diese Dame nicht *mich* liebt.

Wohl uns, daß dieser Kunstschlosser in Graudenz existiert! Auch der Weller kann von Glück sagen, daß er von diesem ehrlichen Mädchen nicht geliebt wird. Man weiß immer noch gar nicht, wie gut mans eigentlich hat. Jedenfalls hat man vor der Natürlichkeit und vor der Ehrlichkeit immer noch nicht den genügenden Respekt. Und laut fuhr ich fort:

Gnädiges Fräulein, ich verstehe nur nicht, warum Sie da immer noch in Melbourne und nicht in Graudenz sind. Verzeihen Sie gütigst, daß ich das sage; mich gehts ja eigentlich nichts an.

›Oh‹, erwiderte nun das Fräulein, während es vor einem smaragdgrünen Tulpenbeet stehen blieb, ›Sie brauchen nicht um Verzeihung zu bitten; ich halte mit nichts hinterm Berge, ich nehme niemals ein Blatt vor den Mund. Mein Bräutigam will sich, wenn wir heiraten, etablieren. Und da braucht er etwas Geld. Und deswegen bin ich hie, bei meinem Großonkel und hab ihn gebeten, mir zehntausend Taler für Erwin zu geben – Erwin Krug heißt mein Bräutigam.‹

Und, fragte ich nun, eine so geringfügige Summe will Ihnen Ihr Großonkel nicht geben?

›Nein‹, versetzte sie, ›das ist es ja eben! Ich bin nicht für seine Glasblumen begeistert, und deswegen hält er mich hin. Und er verschwendet Unsummen für diese Albernheiten – jedes Beet hier kostet viele Tausende, und mir will er nicht einmal so viel geben, daß Erwin sich etablieren kann. Als ich ihm die maßlose Verschwendung, die hier herrscht, in scharfen Worten vorwarf, nannte er mich *ein naseweises Frauenzimmer.* Ich wäre längst fort von hier, wenn Erwin das Geld nicht so nötig gebrauchen würde.‹

Sagen Sie mal, meine Gnädigste, warf ich da ein, bitten Sie doch Ihren Großonkel um solch ein Glasblumenbeet – und verkaufen Sie es dann. Sie brauchen ja nur zu sagen, daß Sie sich für dieses Glasblumenbeet mit den Smaragdtulpen interessieren – dann würde sich Ihr Onkel sehr freuen über Ihr Interesse und Ihnen die Kleinigkeit schenken. Zehntausend Taler bekommen Sie schon dafür.

Da sah mich die Dame sehr groß an und sagte mit unnachahmlichem Stolze:

›Ich sagte schon, daß ich eine ehrliche Natur bin. Ich lüge nie! Verstehen Sie mich jetzt?‹

Ich, versetzte ich stotternd, verstehe – Sie – jetzt! Ich lüge ja ebenfalls nie.

Danach hörte unsre interessante Unterhaltung auf; Diener kamen und baten uns wieder, in ein großes Speisezimmer zu kommen.

Wenn ich jetzt ehrlich sein darf wie Fräulein Flora Mohr, so möchte ich auch wünschen, daß jetzt gleichfalls Diener kämen und etwas zu essen mitbrächten.«

Die ganze Gesellschaft mußte nach diesen Worten sehr laut lachen; die Frau Minister Mikamura winkte – und die Diener brachten ein kleines Frühstück herbei, wofür der Baron Münchhausen mit den verbindlichsten Worten seinen Dank sagte.

Trauriger Winter

Nun ziehen Nebel, falbe Blätter fallen,
Oed' alle Stellen, die uns oft entzücket!
Und noch einmal tief' Rührung uns beglücket,
Wie aus der Flucht die Abschiedslieder schallen.

Wohl Manchem blüht aus solchem Tod Gefallen:
Daß er nun eng an's blüh'nde Herz gedrücket,
Von rothen Lippen hold're Sträuße pflücket
Als Lenz je beut mit Wäldern, Wiesen allen.

Mir sagte niemals ihrer Augen Bläue:
»Ruh' auch aus! Willst du ewig sinnen?«
Und einsam sah' ich so den Sommer fahren.

So will ich tief des Lenzes Blüthe wahren,
Und mit Erinnern zaubrisch mich umspinnen,
Bis ich nach langem Traum erwach' im Maie.

NACHWEISE

Die in Anführungen stehenden Titel sind von der Herausgeberin frei gewählt.

HANS CHRISTIAN ANDERSEN (1805–1875)
Die Blumen der kleinen Ida
Aus: *Andersens Märchen.* Weltbild, Augsburg [o.J.].

ACHIM VON ARNIM (1781–1831)
Der Kirschbaum
Blumen atmen gern auf Erden
Aus: Ders.: *Werke. Drei Bände.* Herausgegen von A. Schier. Insel Verlag, Leipzig [o.J.].

ELIZABETH VON ARNIM (1866–1941)
Verzauberter April
Aus: Dies.: *Verzauberter April.* Insel Verlag, Frankfurt am Main und Leipzig 1993.

CLEMENS BRENTANO (1778–1842)
Am Sophientag
»Ich wollt' ein Sträußlein binden«
Aus: Ders.: *Werke.* Band I. Herausgegeben von W. Frühwald, B. Gajek und F. Kemp. Carl Hanser Verlag, München 1968.

BARTHOLD HEINRICH BROCKES (1680–1747)
Die Trauben-Hyazinthe
Kirschblüte bei der Nacht
Aus: Ders.: *Werke.* 5 Bände. Herausgegeben von Johann Joachim Eschenburg. 1800.

WILHELM BUSCH (1832–1908)
Das traurige Röslein

Aus: Ders.: *Schein und sein. Nachgelassene Gedichte.* Lothar Joachim Verlag, München 1909.

ADELBERT VON CHAMISSO (1781–1838)

Die Knospe der Rose

Aus: Ders.: *Sämtliche Werke in zwei Bänden.* Bd. 1. Winkler, München 1975.

MATTHIAS CLAUDIUS (1740–1815)

Mailied

Aus: Ders.: *Sämtliche Werke.* Winkler, München 1976.

MAX DAUTHENDEY (1867–1918)

Eilt euch, eil dich, die Bäume blühen!

Die bunten Astern

Aus: Ders.: *Das Herz singt zum Reigen.* Gedichte. Langen Müller in der F. A. Herbig Verlagsbuchhandlung GmbH, München [o. J.].

ANNETTE VON DROSTE-HÜLSHOFF (1797–1848)

Vergißmeinnicht

Aus: Dies.: *Sämtliche Gedichte.* Herausgegeben von Karl Schulte Kemminghausen. Insel Verlag, Frankfurt am Main 1998.

JOSEPH VON EICHENDORFF (1788–1857)

Schneeglöckchen

Frühlingsnacht

Der alte Garten

Herbstweh

Winternacht

Trauriger Winter

Aus: Ders.: *Sämtliche Werke des Freiherrn Joseph von Eichendorff.* Historisch-kritische Ausgabe. Bd. 1: Gedichte. Erster Teil. Herausgegeben von Harry Fröhlich und Ursula Regener. Kohlhammer, Stuttgart, Berlin 1993.

Aus dem Leben eines Taugenichts (Auszug)

Aus: Ders.: *Erzählungen.* Manesse, Zürich 1955.

AUGUST HEINRICH HOFFMANN VON FALLERSLEBEN (1789–1874)

Sehnsucht nach dem Frühling

Maiglöckchen

Aus: Ders.: *Ausgewählte Werke in vier Bänden.* Herausgegeben von Hans Benzmann. Bd. 1: Einleitung, Lyrische Gedichte. Hesse, Leipzig [1905].

LUDWIG GANGHOFER (1855–1920)

»Eisblumen«

Aus: Ders.: *Das Gotteslehen.* Rheda-Wiedenbrück, Bertelsmann Lesering [o.J.]

EMANUEL GEIBEL (1815–1884)

»O Sommerfrühe blau und hold!«

Aus: Ders.: *Werke.* Bd. 2. Herausgegeben von Wolfgang Stammler. Bibliographisches Institut, Leipzig, Wien 1918.

STEFAN GEORGE (1868–1933)

Juli-Schwermut

Blumen

Aus: Ders.: *Werke.* Ausgabe in zwei Bänden. Bd. 1. Deutscher Taschenbuch Verlag, München 2000.

JOHANN WOLFGANG GOETHE (1749–1832)

März

Maifest

Heidenröslein

Aus: Ders.: *Werke.* Hamburger Ausgabe. Bd. 1: Gedichte und Epen I. 16. durchg. Aufl. C. H. Beck, München 1996.

Frühling

Ein Gleichnis

Aus: Ders.: *Sämtliche Werke, Briefe, Tagebücher und Gespräche.* Bd. 2: Gedichte. Deutscher Klassikerverlag, Frankfurt am Main 1988.

Das Veilchen

»Rosen, ihr blendenden« (Auszug aus: *Faust II*)

[Rosenknospen]

Ihr verblühet, süße Rosen (aus: *Erwin und Elmire*)

Aus:: Ders.: *Sämtliche Werke, Briefe, Tagebücher und Gespräche.* Bd. 1: Gedichte 1756–1799. Herausgegeben von Karl Eibel. Deutscher Klassiker Verlag, Frankfurt am Main 1987.

GEORG PHILIPP HARSDÖRFFER (1607–1658)

Der Frühling

Aus: *Deutsche Literatur in Entwicklungsreihen. Barocklyrik.* Herausgegeben von Herbert Cysarz. Bd. 3. Reclam, Leipzig 1937.

FRIEDRICH HEBBEL (1813–1863)

Sommerbild

Aus: Ders.: *Gedichte. Eine Auswahl.* Reclam, Stuttgart 1977.

HEINRICH HEINE (1787–1856)

Es ist heute der erste Mai

Aus: Ders.: *Sämtliche Werke in zwölf Bänden.* Fünfter Band: Reisebilder I, Die Harzreise. J. G. Cotta'sche Buchhandlung Nachf., Stuttgart [o. J.].

Lyrisches Intermezzo

»Die Lotosblume ängstigt«

Aus: Ders.: *Sämtliche Werke.* Bd. 1: Buch der Lieder / Neue Gedichte (1). Herausgegeben von Hans Kaufmann. Kindler, München 1964.

MAX HERRMANN-NEISSE (1886–1941)

Die Eisheiligen

Aus: Ders.: *Um uns die Fremde. Gedichte 2.* Zweitausendeins, Frankfurt am Main 1986.

E. T. A. HOFFMANN (1776–1822)

Datura Fastuosa (Der schöne Stechapfel)

Aus: Ders.: *Sämtliche poetische Werke. Letzte Stücke.* Herausgegen von Hans Ludwig Geiger. Vollmer, Wiesbaden [o. J.].

FRIEDRICH HÖLDERLIN (1770–1843)

An eine Rose

Aus: Ders.: *Sämtliche Gedichte und Hyperion.* Herausgegeben von Jochen Schmidt. Insel Verlag, Frankfurt am Main und Leipzig 1999.

Hälfte des Lebens

Aus: Ders.: *Sämtliche Werke und Briefe.* 3 Bände. Bd. 1: Gedichte. Herausgegeben von Jochen Schmidt. Deutscher Klassiker Verlag, Frankfurt am Main 1992.

LUDWIG CHRISTOPH HEINRICH HÖLTY (1748–1776)

Mailied

Aus: Ders.: *Der Göttinger Hain.* Herausgegeben von Alfred Kelletat. Reclam, Stuttgart 1967.

KLABUND (1890–1928)

Die Letzte Kornblume

Aus: Ders.: *Die Harfenjule.* Die Schmiede, Berlin 1927.

EWALD CHRISTIAN VON KLEIST (1715–1759)

Der Frühling, ein Gedicht

Aus: Ders.: *Sämtliche Werke.* Herausgegeben von Jürgen Stenzel. Reclam, Stuttgart 1971. (Fassung von 1756).

NIKOLAUS LENAU (1802–1850)

Primula veris

Aus: Ders.: *Gedichte.* Ausgewählt und mit einem Nachwort von Hansgeorg Schmidt-Bergmann. Insel, Frankfurt am Main, Leipzig 1998.

DETLEV VON LILIENCRON (1844–1909)

Ich und die Rose warten

Aus: Ders.: *Ausgewählte Werke in 3 Bänden.* Bd. 3: Gedichte. Deutsche Verlags-Anstalt, Stuttgart 1911.

Herbst

Aus: Ders.: *Gedichte.* Reclam Verlag, Ditzingen 1986.

THOMAS MANN (1875–1955)

Der Zauberberg (Auszug)

Aus: Ders.: *Große kommentierte Frankfurter Ausgabe*, Band 5.1. S. Fischer Verlag, Frankfurt am Main 2002.

SELMA MEERBAUM-EISINGER (1924–1942)

Der Sturm

Aus: Dies.: *Ich bin in Sehnsucht eingehüllt. Gedichte.* Herausgeben von Jürgen Serke. Hoffmann und Campe, Hamburg 2005.

CHRISTIAN MORGENSTERN (1871–1914)

Die Primeln blühn und grüßen

Die Weidenkätzchen

»Butterblumengelbe Wiesen«

Aus: Ders.: *Gedichte in einem Band.* Herausgeben von Reinhardt Habel. Insel Verlag, Frankfurt am Main, Leipzig 2004.

Lied

Aus: Ders.: *Gesammelte Gedichte.* Piper, München 1959.

EDUARD MÖRIKE (1804–1875)

Er ist's

Auf eine Christblume

Aus: Ders.: *Gedichte.* Auswahl und Nachwort von Bernhard Zeller. Reclam, Stuttgart 1977.

WILHELM MÜLLER (1794–1827)

Juni

Juli

Aus: Ders.: *Gedichte.* Vollständig-kritische Ausgabe. Behr, Berlin 1906.

FRIEDRICH NIETZSCHE (1844–1900)

Meine Rosen

Aus: Ders.: *Sämtliche Werke.* Kritische Studienausgabe in 15 Bänden. Bd. 3. Herausgegeben von Giorgio Colli und Mazzino Montinari. Deutscher Taschenbuch Verlag, München 1999.

AUGUST VON PLATEN (1796–1835)

An eine Geißblattranke

Aus: Ders.: *Sämtliche Gedichte.* Herausgegeben von M. Koch und E. Petzet. Leipzig [o. J.]

RAINER MARIA RILKE (1875–1926)

Die Sprache der Blumen

Blaue Hortensie

Rosa Hortensie

Feuerlilie

Aus: Ders.: *Die Gedichte.* Insel Verlag, Frankfurt am Main 1986.

Heiliger Frühling

Aus: Ders.: *Sämtliche Werke.* Bd. 4. Insel Verlag, Frankfurt am Main 1987.

Wilder Rosenbusch

Aus: Ders.: *Sämtliche Werke.* Bd. 2. Insel Verlag, Frankfurt am Main 1987.

JOHANN RIST (1607–1667)

Frühlings-Gedicht. Daphnis wünschet / Daß seine Galathee möcht eine Blume werden

Aus: Ders.: *Sämtliche Werke.* Herausgegeben von Eberhard Mannack. de Gruyter, Berlin 1967.

FRIEDRICH RÜCKERT (1788–1866)

Schneeglöckchen

»Himmelsschlüsselchen«

»Das Veilchen ist aufgeblüht«

Aus: Ders.: *Ausgewählte Werke.* Herausgegeben von Annemarie Schimmel. Erster Band. Insel Verlag, Frankfurt am Main 1988.

Herbstfarben

Aus: Ders.: *Gedichte.* Sauerländer, Frankfurt 1875.

Laßt im Grünen mich liegen

Aus: Ders.: *Kindertotenlieder.* Insel Verlag, Frankfurt am Main 1872.

PAUL SCHEERBART (1863–1915)

Flora Mohr: eine Glasblumen-Novelle (Auszug)

Aus: Ders.: *Flora Mohr: eine Glasblumen-Novelle.* Haase, 1909.

ERNST STADLER (1883–1914)

»Die Rosen im Garten«

Aus: Ders.: *Dichtungen, Schriften, Briefe.* Kritische Ausgabe. Herausgegeben von Klaus Hurlebusch und Karl Ludwig Schneider. C.H. Beck, München 1983.

ADALBERT STIFTER (1805–1868)

Veilchen (aus: Feldblumen)

Aus: Ders.: *Studien.* Bd. 1. Vollständige Ausgabe nach dem Text der 2. Auflage. München Deutscher Taschenbuch Verlag, München 1975.

THEODOR STORM (1817–1888)

Hyazinthen

Aus: Ders.: *Sämtliche Werke in vier Bänden.* Band 1: Gedichte, Novellen 1848–1867. Herausgegeben von Dieter Lohmeier. Deutscher Klassiker Verlag, Frankfurt am Main 1997.

LUDWIG TIECK (1773–1853)

Rosen

Aus: Ders.: *Schriften in zwölf Bänden.* Band 7: Gedichte. Herausgegeben von Ruprecht Wimmer. Deutscher Klassiker Verlag, Frankfurt am Main 1995.

LUDWIG UHLAND (1787–1862)

Frühlingsglaube

Aus: Ders.: *Gedichte.* Vollständige kritische Ausgabe auf Grund des handschriftlichen Nachlasses besorgt von Erich Schmidt und Julius Hartmann. Bd. 1. Cotta, Stuttgart 1898.

Der Mohn

Die Malve

Aus: Ders.: *Gedichte.* Herausgegeben von Hans-Rüdiger Schwab. Insel Verlag, Frankfurt am Main 1987.

ELSE URY (1877–1943)
Kornblumentag
Aus: Dies.: *Lotte Naseweis und andere Schulmädelgeschichten.* Meidinger's Jugendschriften Verlag G.m.b.H., Berlin [o.J.].

GABRIEL VOIGTLÄNDER (1596–1643)
Ein Sommer-Liedlein
Aus: *Wir vergehn wie Rauch von starken Winden. Deutsche Gedichte des 17. Jahrhunderts.* Herausgegeben von Eberhard Haufe. C.H. Beck, München 1985.

CHRISTIAN WAGNER (1835–1918)
Diestelhäupter am Weg
Aus: Ders.: *Gedichte.* Herausgegeben von Ulrich Keicher. Konrad Theiss Verlag, Stuttgart und Aachen 1973.